الإدارة المدرسية

بين الواقع والطموح

الإدارة المدرسية

بين الواقع والطموح

تأليف

الدكتور محمد صبيح الرشايدة

خبير في التطوير التربوي والمناهج - البحرين

1427هـ/ 2007م

دار يافا العلمية للنشر والتوزيع

371.2

الرشايدة، محمد صبيح

الادارة المدرسية، الواقع والطموح / محمد صبيح الرشايدة._عمان : دار يافا ، 2006 .

(   ) ص.

ر.إ : (2006/10/2872)

الواصفات : /الادارة التربوية //التعلم//التربية//الاسلام/

الطبعة الأولى 2007

دار يافا العلمية للنشر والتوزيع

الاردن - عمان - الأشرفية

تلفاكس 4778770 6 00962

ص.ب 520651 عمان 11152 الأردن

E-mail: dar_yafa@yahoo.com

الإهداء

إلى من قال فيهما اللـه: ((رب ارحمهما كما ربياني صغيرا))

صدق اللـه العظيم.

إلى الشموع التي أضاءت لي طريق الحياة..

إلى الجنود المجهولين في العمل التربوي فرسان الميدان وأرأسهم معالي وزير التربية والتعليم والتعليم العالي والبحث العلمي..

إلى زوجتي وأبنائي وبناتي الذين تحملوا معي مشاق المشوار الطويل وهو أقل الوفاء..

قال الرسول صلى اللـه عليه وسلم: ((إن اللـه يحب إذا عمل أحدكم عملاً أن يتقنه)).. رواه البيهقي.

شكر وتقدير

أتقدم بموفور جهدي وتقديري إلى العلماء الأجلاء الذين ساهموا في تطوير العملية التعليمية في الأردن، وأفاضوا علي من غزير علمهم وأخص بالذكر معالي الأستاذ الدكتور خالد طوقان والأستاذ الدكتور إبراهيم القاعود والأستاذ الدكتور توفيق مرعي والأستاذ الدكتور يعقوب أبو حلو والدكتور علي الخريشة والأستاذ الدكتور محمد السرياني والأستاذ الدكتور عمر الشيخ والأستاذ الدكتور أمين الكخن، والأستاذ الدكتور أغار الكيلاني.

وكل الشكر والتقدير وعظيم الامتنان لكل من أسهم وقدم لي العون لإخراج هذا الكتاب منذ البداية حتى النهاية فلهم مني جميعاً كل الشكر والتقدير والعرفان بالجميل وجازاهم الله عني خير الجزاء وأسأل الله العلي القدير أن يكون هذا الجهد خالصاً لوجهه الكريم.

و الله ولي التوفيق

المؤلف

الدكتور محمد صبيح الرشايدة

مقدمة:

إن من أبرز مقومات النجاح هو الإدارة من حيث مقدرتها على مواكبة أحدث التغيرات، سعياً منها للاستمرار بالنهوض بمهمتها الموكولة إليها في تربية الناشئة تربية سليمة وإعدادهم إعداداً متكاملاً من خلال تعليم نوعي لترتقي بأدائها لتحقيق الرؤية المستقبلية في الطموح والتقدم التعليمي وسعياً لتجذير ثقافة التميّز وما سبقها في مستويات العمل التربوي لتحقيق الرؤية المستقبلية للنظام التربوي، وفق منظور شمولي متكامل يراعي أساليب التخطيط الاستراتيجي وآلياته، والمنهج العلمي والإفادة من أفضل التجارب والممارسات العالمية في الإدارة المدرسية، والإفادة من التجارب والتطوير التربوي والتأكيد على أهمية توظيف التقنية بفاعلية وتوسيع المشاركات المجتمعية لنشر هذه الرؤية والالتزام بها.

يهدف هذا المؤلف إلى أن يوفر للمديرين والمعلمين والمهتمين قدراً معقولاً من المعرفة الأساسية بالإدارة التربوية، ويمثل تنسيق الجهد البشري جوهر الإدارة كما يمثل حل المشكلات الإنسانية والإدارية دم الحياة في الإدارة وأن الإدارة مهنة مثيرة ومثمرة لأنها تهتم بنمو الناس وتطورهم.

المؤلف

د. محمد صبيح الرشايدة

الفصل الأول

الإدارة

Management

تعريف الإدارة Defining Management:

يقول فريدريك تايلور (Fredrick Taylor) في كتابه إدارة الورشة الصادر عام 1930م، إن فن الإدارة هو المعرفة الدقيقة لما تريد من الرجال عمله، ثم التأكد من أنهم يقومون بعمله بأحسن طريقة وأرخصها، أما هنري فايول (Henry Fayol) فيعرفها في كتابه الإدارة العامة والصناعية بقوله (يقصد بالإدارة التنبؤ والتخطيط والتنظيم والتنسيق وإصدار الأوامر والرقابة).

وأما تعريف كونتز وأودانول (فإن الإدارة هي وظيفة تنفيذ الأشياء عن طريق الآخرين)، وبالنسبة لـ تشيستر برنارد فعرفها في كتابه المدير بأنها ما يقوم به المدير من أعمال أثناء تأدية الوظيفة. أما جلوفر فيقول بأنها القوة المفكرة التي تملك وتصف وتخطط وتحفز وتقيم وتراقب الاستخدام الأمثل للموارد البشرية والمادية اللازمة لهدف محدد ومعروف.

من كل ما سبق يمكننا تعريف الإدارة على أنها عملية اجتماعية مستمرة بقصد استغلال الموارد استغلالاً أمثل عن طريق التخطيط والتوجيه والرقابة للوصول إلى الهدف بكفاية وفعالية. وإذا أردنا التوضيح أكثر لعناصر تعريف الإدارة فإن:

الإدارة عملية: أي تعبير عن تفاعل النظام الإداري، ويعني البيئة الخارجية والداخلية والموارد البشرية والمادية ألا وهي التخطيط والتنظيم والتوجيه والرقابة.

الإدارة عملية مستمرة: تأتي صفة الاستمرار لأن الإدارة تعمل على إشباع حاجات الأفراد من السلع والخدمات ولأن هذه الحاجات في تغير مستمر، فلذلك يصبح عمل الإدارة مستمراً طوال حياة المؤسسة، فلا يقوم المدير بالتخطيط في بداية حياة المؤسسة ثم يتوقف بعد ذلك، ولكن يقوم بكل

أعمال الإدارة مدى حياة المؤسسة.

الإدارة عملية اجتماعية: أي مجموعة من الناس يعملون معاً لتحقيق هدف واحد مشترك.

الموارد التي تعامل معها الإدارة: الموارد البشرية والمادية مثل المواد الخام والآلات والأموال.

التخطيط: التنبؤ بالمستقبل والاستعداد له.

التنظيم: كيفية توزيع المسؤوليات والمهمات على الأفراد العاملين في المؤسسة.

التوجيه: إرشاد أنشطة الأفراد في الاتجاهات المناسبة لتحقيق الأهداف المطلوبة.

الرقابة: التأكد من أن التنفيذ يسير على أساس الخطة الموضوعة، وإذا وجد انحراف فيجب تعديله.

الهدف: الغاية المطلوب الوصول إليها.

الكفاية: الوصول إلى الهدف بأقل جهد وأقل تكلفة وأسرع وقت.

الفاعلية: الوصول إلى أفضل نوعية من المنتج سواء أكانت سلعة أو خدمة.

أهمية الإدارة The Importance of Management:

من سمات الحياة البشرية في سهولتها وفي تعقدها وفي بدائيتها وفي تقدمها تكوين الجماعات المختلفة للسيطرة على البيئة التي يعيش فيها الإنسان نظراً لطاقاته وإمكانياته المحدودة، فكان الإنسان يعيش حياته البدائية اليسيرة بين

أفراد قبيلته التي يعتمد عليها في حماية نفسه ضد هجمات الأعداء، وكان رئيس القبيلة هو المسئول عن تصريف أمورها، وتوزيع الأعمال بين أفرادها، وحل النزاع، واتخاذ القرار فيما يعود بالخير على الجميع، وهو بذلك يمارس شكلاً من أشكال الإدارة.

فالإنسان منذ القدم يعيش مع الجماعة لأنه مدني بطبعه لا يحب أن يعيش منعزلاً عن الناس، فالإدارة وسيلة مهمة لتسيير أمر الجماعة والفرد نحو أهدافها، وكذلك مهمة لتسيير أمور المؤسسة نحو تحقيق أهدافها فتطبيق الإدارة داخل المؤسسة، سواء كانت كبيرة أو صغيرة، تجارية أو صناعية، رياضية أو عسكرية.

وعلى الرغم من وجود قليل من المؤسسات التي حققت نجاحاً بدون إدارة فعالة إلا أن هذا لا يعني أن التقدم الحضاري يقوم بدون جهود الإدارة.

أهمية الإدارة في المجتمع

:The Importance of Management for the Society

يعود تقدم الأمم إلى الإدارة الموجودة فيها، فالإدارة هي المسئولة عن نجاح المنظمات داخل المجتمع، لأنها قادرة على استغلال الموارد البشرية والمادية بكفاءة عالية وفاعلية. فهناك العديد من الدول التي تملك الموارد المالية والبشرية ولكن لنقص الخبرة الإدارية بقيت في موقع متخلف.

كما يمكن أن يقال: إن نجاح خطة التنمية الاقتصادية والاجتماعية وتحقيقها لأهدافها لا يمكن أن يتم إلا بحسن استخدام الموارد المتاحة المادية والبشرية. وكذلك نجاح المشروعات المختلفة في جميع الأنشطة الاقتصادية الزراعية والصناعية الخدماتية. ولا شك بأن استخدام الموارد المتاحة دون

إسراف أو تقصير يتوقف أساساً على كفاية الإدارة في مجالات النشاط المختلفة، كما أن نجاح المشروعات وتحقيقها لأهدافها الموضحة في خطة عملها يتوقف على كفاية إدارتها، ومن هنا نجد أن نجاح خطط التنمية الاقتصادية والاجتماعية مرتبط بمستوى الكفاية الإدارية في المشروعات المختلفة داخل الدول. وخلال الحديث عن التنمية والإدارة فإن البلدان النامية تواجه كثيراً من المشكلات الإدارية التي تحتاج إلى قدرة وكفاءة إدارية لمواجهتها والتصدي لها وحلها حتى يمكن أن تحقق أهداف التنمية المرغوبة.

الإدارة فن أم علم؟ Management Science or Art?:

يدور جدل كبير بين رجال الفكر الإداري حول طبيعة الإدارة، أهي علم أم فن أم علم وفن معاً؟

الإدارة علم: يعني أنها تعتمد على الأسلوب العلمي عند ملاحظة المشكلات الإدارية وتحليلها وتفسيرها والتوصل إلى نتائج يمكن تعميمها.

الإدارة علم: أي لها مبادئ وقواعد ومدارس ونظريات تحكم العمل الإداري كما أن تطبيق هذه المبادئ والنظريات يؤدي إلى نتائج محددة.

الإدارة فن: أي أن المدير يحتاج إلى خبرة ومهارة وذكاء في ممارسة عمله، وتعامله مع العنصر البشري لحفزه على الأهداف التنظيمية، لأن ليس كل من درس علم الإدارة قادر على تطبيقه، ففن الإدارة هو القدرة على تطبيق الإدارة في المجالات المختلفة.

الإدارة فن وعلم معاً: من كل ما سبق يمكننا القول بأن الإدارة فن وعلم معاً، فالإداري يجب أن يعتمد على الكتب والنظريات الإدارية بالإضافة إلى الخبرة العملية التي لا غنى عنها.

الصفات الإدارية التي يجب أن يتمتع بها الإداري:

- الأمانة والعدل والإخلاص في العمل.

- صفات عقلية وفكرية، أي أن يكون على قدر من الذكاء.

- صفات جسمانية حتى يتحمل عبء العمل.

- صفات فنية أي أن يكون ملماً بالتخصص الذي يعمل به.

- صفات ثقافية بحيث يكون متطلعاً على العلوم الأخرى.

- صفات إنسانية يستطيع من خلالها التعامل مع العنصر البشري.

الإدارة والعلوم الأخرى:

الإدارة وعلم الاقتصاد Management and Economic:

إن هدف علم الاقتصاد هو استغلال الموارد البشرية والمادية بأقصى درجة لإشباع الحاجات الإنسانية وهذا الهدف يلتقي مع الهدف المتمثل في الاستغلال الأمثل للموارد. فلا بد للإداري أن يكون ملماً بنظريات الاقتصاد حتى يستطيع حل المشاكل الاقتصادية التي تواجهه.

الإدارة وعلم الاجتماع Management and Sociology:

يهتم علم الاجتماع بدراسة الجماعات من حيث نشأتها وتطورها وتكوينها وتطور العلاقات فيها، فمن الضروري أن يلم الإداري بمبادئ علم الاجتماع، حيث تعتبر المؤسسة مجتمعاً صغيراً ودراسة علم الاجتماع تساعد في إدارتها والتعامل مع المجموعات الموجودة فيها، كما يساعد على خلق جو اجتماعي قائم على الود والاحترام بين الجميع.

الإدارة وعلم النفس Management and Psychology:

يهتم علم النفس بسلوك الفرد والعوامل التي تؤثر فيه، لـذلك يجـب عـلى الإداري دراسة هذا العلم ليستطيع أن يحفز ويشجع ويدفع ويتعامل مع العاملين والمتعاملين مع المشروع، وذلك يعود بالفائدة على المؤسسة.

الإدارة والعلوم الطبيعية والرياضية

Management and Natural Science:

تضم العلوم الطبيعية علم الفيزياء والكيمياء والإحصاء والرياضيات ومـن مظـاهر العلاقة بين العلوم الطبيعية وعلم الإدارة ظهور ما يسمى ببحوث العمليات Operation Research، وهو علم رياضي فيزيائي اقتصادي يساعد المدير في التوصل إلى قرارات رشيدة كذلك يساعد علم الإحصاء ونظرية الاحتمالات والنماذج الرياضية المـدير في التوصـل إلى قرارات رشيدة.

كما ينبغي أن يلم الإداري بعلم القانون ليعرف اتجاه الحكومـة نحـو المشرـوعات الاقتصادية وبعلم السياسة وعلم الأخلاق والتاريخ والجغرافيا لتسيير أمور المؤسسة.

تشمل المدرسة الكلاسيكية:

— الإدارة العلمية Scientific Management.

— البيروقراطية Bureaucracy.

— الإدارة العلمية Scientific Management.

مـن أشـهر علـماء هـذه المدرسـة فريـدريك تـايلور (Fredriek Taylor)، وهـنري فايول(Henri Fayol) وهـنري غانت (Henri Gant) وفرانك

وليليـان جلبرت (Frank & lilian Gilbereth) وأوليفـر شـيلدون (Oliver Sheldon) وموني ورايلي (Moony & Railey) وليندول أرويك (Lyndall Urwick).

مبادئ تايلور Taylors Principles:

1. إحلال الطرق العلمية بدلاً من الطرق البدائية التي تقوم على التقدير والتخمين.

2. اختيار العاملين وتدريبهم بصورة علمية صحيحة.

3. تعاون الإدارة مع العاملين لتنفيذ الأعمال المطلوبة بدلاً من النزاع.

4. تقسيم عادل للعمل بين الإدارة والعـاملين، حيـث تتـولى الإدارة أعمـال التخطيط وتنظيم العمل.

5. فصل أعمال التخطيط عن أعمال التنفيذ حتى يتسنى لكل فـرد أن يقـوم بواجبـه بكفاية عالية.

الانتقادات التي وجهت إلى تايلور:

إن أفكار تايلور لاقت الكثير من الانتقادات للأسباب التالية:

1. عدها الكثيرين أنها تضر بصـالح العـاملين وتلغي شخصية العامـل وتجعلـه يعمل مثل الآلة، وبالتالي تقل أهمية العامل داخل المؤسسة.

2. اقتصرت دراسة تايلور على مستوى المصنع الصغير (الورشة).

3. أدت أفكار تايلور إلى نوع من الحرب بين العاملين وأصحاب العمل.

4. طريقة الحوافز التي اقترحها تايلور تؤدي إلى معاقبة العامل البطيء وتغري العامل بإرهاق نفسه مقابل الحصول على أجر دون اعتبار للنواحي الصحية.

5. عارضها أصحاب المصانع الـذين خيل إلـيهم أنـه تعطي حقـوق جديـدة للعاملين لا يستحقونها.

6. لاقت أفكار تـايلور معارضـة شـديدة لأنها تطـرح أفكـار وطـرق جديـدة في الإدارة لم يعتد عليها أصحاب المصانع، بـل إن الطـرق التقليديـة في الإدارة كانت بمثابة عادات وتقاليد ثابتة غير قابلة للتغيير.

مبادئ فايول Henry Fayol Principles:

يعتبر هنري فايول الأب الحقيقي لمبادئ الإدارة الحديثة، وقد قام فـايول بتقسيم أنشطة المؤسسة في كتابه (الإدارة العامة والصناعية) إلى ست مجموعات:

1. نشاطات فنية Technical Activities الإنتاج والتصنيع.

2. نشاطات تجارية Commercial Activities الشراء البيع المبادلة.

3. نشاطات مالية Financial Activities البحث والاستخدام الأمثل لرأس المال.

4. نشاطات الوقاية والضمان security Activities حماية الممتلكات والأشـخاص والمحافظة على سلامتهم في المؤسسة.

5. نشاطات محاسـبية Accounting Activities وتشـمل تسـجيل الحسـابات وإعداد الميزانية ومعرفة التكاليف وعمل الإحصاءات.

6. نشاطات إدارية Management Activities التخطيط والتنظيم

وإصدار الأوامر والتنسيق والرقابة.

وقد ركز فايول على النشاط الإداري، وبين أن أهمية النشاط الإداري تنبع مـن أنـه متعلق بالتنبؤ، كما أنه مميز عن باقي الأنشطة الأخرى. وقد تعرض فايول في كتابه إلى **ثلاث موضوعات رئيسة وهي:**

1. الصفات الإدارية.
2. المبادئ العامة للإدارة.
3. عناصر الإدارة.

الصفات الإدارية:

الصفات التي يجب توافرها في المديرين:

1. صفات جسمانية: الصحة والقوة والنشاط.
2. صفات عقلية: القدرة على الفهم والاستيعاب والتحصيل وحسـن التصرف والحكـم على الأشياء.
3. صفات خلقية: الحيوية والحزم، الرغبة في تحمل المسؤولية، الولاء والابتكار والمهابة.
4. الثقافة العامة أو الصفات التربوية: الإلمام بالمعلومات التي لا تتصل مباشرة بالعمـل الذي يؤديه المدير.
5. صفات فنية: الإلمام بالمعلومات عن الوظيفة التي يؤديها المدير.
6. صفات تتعلق بالخبرة وهي صفات تنشأ نتيجة مزاولة العمل.

مبادئ الإدارة عند فايول:

1. مبدأ تقسيم العمل Division of Work:

وهو المبدأ الذي يترتب عليه التخصص، والذي عده الاقتصاديون عاملاً أساسياً لرفع كفاءة العاملين حيث أنه يؤدي إلى زيادة المقدرة ويزيد من ثقة العامل بنفسه.

2. السلطة والمسؤولية Authority and Responsibility:

وهنا تكون السلطة والمسؤولية مرتبطان، فالمسؤولية تتبع السلطة وتنبثق عنها، والسلطة هي مزيج من السلطة الرسمية المستمدة من مركز المدير، والسلطة الشخصية التي تتكون من الذكاء والخبرة والقيم الأخلاقية.

3. النظام Discipline:

النظام هو احترام الاتفاقات والنظم وعدم الإخلال بالأوامر، وهذا المبدأ يستلزم وجود رؤساء قديرين في كل المستويات الإدارية.

4. وحدة إصدار الأوامر Unity of Command:

وهنا يجب أن تصدر الأوامر من رئيس أو مشرف واحد حتى لا تتعارض التعليمات والأوامر مع بعضها بعضاً.

5. مبدأ وحدة التوجيه Unity of Direction:

طبقاً لهذا المبدأ فإن كل مجموعة من الأنشطة لها نفس الهدف يجب أن تكون تابعة لرئيس واحد، ويختلف هذا المبدأ عن مبدأ وحدة الأمر في أنه ينطبق على عمليات المؤسسة وأنشطتها في حين ينطبق مبدأ إصدار الأوامر على الأفراد العاملين.

6. مبدأ خضوع المصلحة الشخصية للمصلحة العامة

Subordination of Individual Interest to General Interest

أي عندما تتعارض المصلحة الشخصية للفرد العامل مع المصلحة العامة يجب خضوع المصلحة الشخصية للمصلحة العامة.

7. مبدأ المكافحة والتعويض Remuneration of Personal:

أي تعويض الأفراد تعويضاً عادلاً سواء في أجورهم أو باستخدام المكافآت، أو في تقسيم الأرباح، أو في مزايا عينية أخرى بحيث يحقق ذلك رضا كل العاملين وأصحاب العمل.

8. مبدأ المركزية Centralization:

ويقضي تركيز السلطة في شخص معين ثم تفويضها حسبما تقتضي الظروف.

9. مبدأ تدرج السلطة Scalar Chain:

أي تسلسل السلطة من أعلى الرتب إلى أدناها، بحيث يكون حجم السلطة أقل كلما اتجهنا لى أسفل الهرم الإداري، وهذا أمر ضروري لتأمين وحدة إصدار الأوامر في المؤسسة.

10. مبدأ الترتيب والنظام Order:

أي أن يكون هناك مكان معين لكل شيء أو مكان معين لكل شخص كما يجب أن يكون كل شيء وكل شخص في مكانه الخاص به.

11. مبدأ المساواة Equity:

أي عدم تميز الرؤساء في معاملتهم للمرؤوسين، حيث يحصل الرؤساء على ولاء المستخدمين عن طريق المساواة والعدل.

12. مبدأ الاستقرار في العمل Stability of Tenure:

ويعني المحافظة على استمرار العاملين ذوي الإنتاجية العالية في المؤسسة لمدة طويلة، لأن البحث عن عاملين جدد يترتب عليه إضافة من حيث الجهد والوقت والمال.

13. مبدأ المبادرة Initiative:

على الرؤساء إيجاد مبدأ المبادرة والابتكار بين مرؤوسيهم، أو بعبارة أخرى على الرؤساء تشجيع المرؤوسين على التفكير المتجدد والابتكار.

14. التعاون Cooperation:

ويعني ضرورة العمل بروح ويشكل الفريق انطلاقاً من شعار الإتحاد والقوة.

عناصر الإدارة عند فايول Elements if Administration:

من أهم ما كتب فايول: (عناصر الإدارة) وعدها وظائف الإدارة، ويرى فايول أن عناصر الإدارة خمسة:

1- التخطيط Planning.
2- التنظيم Organization.
3- إصدار الأوامر command.
4- التنسيق Coordination.
5- الرقابة Control.

ويقصد فايول بالتخطيط التنبؤ ووضع الخطط، أي خطة العمل، تحديد الوقت، والنتائج المرجوة، والطريق الذي يجب أن يتبع، وخطوات العمل وطرق العمل.

الوظيفة الأولى: التخطيط Planning:

غالباً ما يعد التخطيط الوظيفة الأولى من وظائف الإدارة، فهي القاعدة التي تقـوم عليها الوظائف الإدارية الأخرى. والتخطيط عملية مستمرة تتضمن تحديـد طريقـة سـير الأمور للإجابة عن الأسئلة مثل ماذا يجب أن نفعل، ومن يقوم به، وأيـن، ومنـى، وكيـف. بواسطة التخطيط يمكن إلى حد كبير المدير مـن تحديـد الأنشطة التنظيمية اللازمـة لتحقيق الأهداف. فمفهوم التخطيط العام يجيب على أربعة أسئلة هي:

1. ماذا نريد أن نفعل؟

2. أين نحن من ذلك الهدف الآن؟

3. ما هي العوامل التي ستساعدنا أو ستعيقنا عن تحقيق الهدف؟

4. ما هي البدائل المتاحة لدينا لتحقيق الهدف؟ وما هو البديل الأفضل؟

من خلال التخطيط ستحدد طرق سير الأمـور التـي سـيقوم بهـا الأفـراد، والإدارات والمؤسسة ككل لمدة أيام، وشهور، وحتى سنوات قادمة. التخطيط يحقق هذه النتائج من خلال:

تحديد الموارد المطلوبة.

تحديد عدد ونوع الموظفين (فنيين، مشرفين، مدراء) المطلوبين.

تطوير قاعدة البيئة التنظيمية حسب الأعمال التي يجب أن تنجز (الهيكل التنظيمي).

تحديد المستويات القياسية في كل مرحلة وبالتالي يمكن قياس مدى تحقيقنا للأهداف مما يمكننا من إجراء التعديلات اللازمة في الوقت المناسب.

يمكن تصنيف التخطيط حسب الهدف منه أو اتساعه إلى ثلاث فئات مختلفة تسمى:

1. التخطيط الإستراتيجي: يحدد فيه الأهداف العامة للمنظمة.

2. التخطيط التكتيكي: يهتم بالدرجة الأولى بتنفيذ الخطط الإستراتيجية على مستوى الإدارة الوسطى.

3. التخطيط التنفيذي: يركز على تخطيط الاحتياجات لإنجاز المسؤوليات المحددة للمدراء أو الأقسام أو الإدارات.

أنواع التخطيط الثلاثة:

التخطيط الاستراتيجي:

يهتم التخطيط الاستراتيجي بالشؤون العامة للمؤسسة ككل، ويبدأ التخطيط الاستراتيجي ويوجه من قبل المستوى الإداري الأعلى ولكن جميع المستويات الإدارية يجب أن تشارك فيها لكي تعمل، وغاية التخطيط الإستراتيجي هي:

1. إيجاد خطة عامة طويلة المدى تبين المهام والمسؤوليات للمؤسسة ككل.

2. إيجاد مشاركة متعددة المستويات في العملية التخطيطية.

3. تطوير المؤسسة من حيث تألف خطط الوحدات الفرعية مع بعضها البعض

التخطيط التكتيكي:

يركز التخطيط التكتيكي على تنفيذ الأنشطة المحددة في الخطط الإستراتيجية، هذه الخطط تهتم بما يجب أن تقوم به كل وحدة من المستوى الأدنى، وكيفية القيام به، ومن سيكون مسئولا عن إنجازه.

التخطيط التكتيكي ضروري جداً لتحقيق التخطيط الاستراتيجي، المدى الزمني لهذه الخطط أقصر من مدى الخطط الإستراتيجية، كما أنها تركز على الأنشطة القريبة التي يجب إنجازها لتحقيق الاستراتيجيات العامة للمؤسسة.

<u>**التخطيط التنفيذي:**</u>

يستخدم المدير التخطيط التنفيذي لإنجاز مهام ومسؤوليات عمله، ويمكن أن تستخدم مرة واحدة أو عدة مرات، الخطط ذات الاستخدام الواحد تطبق على الأنشطة التي تتكرر، كمثال على الخطط ذات الاستخدام الواحد، خطة الموازنة، أما أمثلة الخطط مستمرة الاستخدام فهي خطط السياسات والإجراءات.

خطوات إعداد الخطط التنفيذية:

الخطوة الأولى: وضع الأهداف: تحديد الأهداف المستقبلية.

الخطوة الثانية: تحليل وتقييم البيئة: تحليل الوضع الحالي والموارد المتوفرة لتحقيق الأهداف.

الخطوة الثالثة: تحديد البدائل: بناء قائمة من الاحتمالات لسير الأنشطة التي ستقودك تجاه أهدافك.

الخطوة الرابعة: تقييم البدائل: عمل قائمة بناءً على المزايا والعيوب لكل احتمال من احتمالات سير الأنشطة.

الخطوة الخامسة: اختيار الحل الأمثل: اختيار الاحتمال صاحب أعلى مزايا وأقل عيوب فاعلية.

الخطوة السادسة: تنفيذ الخطة: تحديد من سيتكفل بالتنفيذ، وما هي الموارد المعطاة له، وكيف ستقيم الخطة، وتعليمات إعداد التقارير.

الخطوة السابعة: مراقبة وتقييم النتائج: التأكد من أن الخطة تسير مثل ما هو متوقع لها وإجراء التعديلات اللازمة لها.

الوظيفة الثانية: التنظيم:

وفي وصفه لعنصر التنظيم يقول فايول التنظيم يبين العلاقات بين الأنشطة والسلطات. "وارين بلنكت" و"ريموند اتنر" عرفا في كتابهم "مقدمة الإدارة" وظيفة التنظيم على أنها عملية دمج الموارد البشرية والمادية من خلال هيكل رسمي يبين المهام والسلطات.

هناك أربعة أنشطة بارزة في التنظيم:

1. تحديد أنشطة العمل التي يجب أن تنجز لتحقيق الأهداف التنظيمية.

2. تصنيف أنواع العمل المطلوبة ومجموعات العمل إلى وحدات عمل إدارية.

3. تفويض العمل إلى أشخاص آخرين مع إعطائهم قدر مناسب من السلطة.

4. تصميم مستويات اتخاذ القرارات.

المحصلة النهائية من عملية التنظيم في المؤسسة: كل الوحدات التي يتألف منها النظام تعمل بتآلف لتنفيذ المهام لتحقيق الأهداف بكفاءة وفاعلية.

أهمية التنظيم:

العملية التنظيمية ستجعل تحيق غاية المؤسسة المحددة سابقاً في عملية التخطيط أمراً ممكناً، بالإضافة إلى ذلك فهي تضيف مزايا أخرى.

1. توضيح بيئة العمل: كل شخص يجب أن يعلم ماذا يفعل، فالمهام والمسؤوليات المكلف بها كل فرد، وإدارة، والتقسيم التنظيمي العام

يجب أن يكون واضحاً، ونوعية وحدود السلطات يجب أن تكون محددة.

2. تنسيق بيئة العمل: الفوضى يجب أن تكون في أدنى مستوياتها كما يجب العمل على إزالة العقبات، والروابط بين وحدات العمل المختلفة يجب أن تنمى وتطور، كما أن التوجيهات بخصوص التفاعل بين الموظفين يجب أن تعرف.

3. الهيكل الرسمي لاتخاذ القرارات: العلاقات الرسمية بين الرئيس والمرؤوس يجب أن تطور من خلال الهيكل التنظيمي، هذا سيتيح انتقال الأوامر شكل مرتب عبر مستويات اتخاذ القرارات.

ويضيف "بلنكت" و"اتنر" أنه بتطبيق العملية التنظيمية ستتمكن الإدارة من تحسين إمكانية إنجاز وظائف العمل.

الخطوات الخمسة في عملية التنظيم:

<u>الخطوة الأولى: احترام الخطط والأهداف:</u>

الخطط تملي على المؤسسة الغاية والأنشطة التي يجب أن تسعى لإنجازها، من الممكن إنشاء إدارات جديدة، أو إعطاء مسؤوليات جديدة لبعض الإدارات القديمة، كما من الممكن إلغاء بعض الإدارات، أيضاً قد تنشأ علاقات جديدة بين مستويات اتخاذ القرارات، فالتنظيم سينشئ الهيكل الجديد للعلاقات ويقيّد العلاقات المعمول بها الآن.

<u>الخطوة الثانية: تحديد الأنشطة الضرورية لإنجاز الأهداف:</u>

تحديد الأنشطة الضرورية لتحقيق الأهداف التنظيمية المحددة، حيث يجب

إعداد قائمة بالمهام الواجب إنجازها ابتداء بالأعمال المستمرة (التي تتكرر عدة مرات) وانتهاء بالمهام التي تنجز لمرة واحدة.

الخطوة الثالثة: تصنيف الأنشطة:

حيث يكون المدراء مطالبون بإنجاز ثلاث عمليات:

1. فحص كل نشاط تم تحديده لمعرفة طبيعته (تسويق، إنتاج،... إلخ).
2. وضع الأنشطة في مجموعات بناء على هذه العلاقات.
3. البدء بتصميم الأجزاء الأساسية من الهيكل التنظيمي.

الخطوة الرابعة: تفويض العمل والسلطات:

إن مفهوم الحصص كقاعدة لهذه الخطوة هو أصل العمل التنظيمي، في بدء الإدارات، الطبيعة، الغاية، المهام، وأداء الإدارة يجب أن يحدد أولاً كأساس للسلطة. هذه الخطوة مهمة في بداية وأثناء العملية التنظيمية.

الخطوة الخامسة: تصميم مستويات العلاقات:

هذه الخطوة تحدد العلاقات الرأسية والعرضية (الأفقية) في المؤسسة ككل، الهيكل الأفقي يبين من هو المسئول عن كل مهمة، أما الهيكل الرأسي فيقوم بالتالي:

1. يعرف علاقات العمل بين الإدارات العاملة.
2. يجعل القرار النهائي تحت السيطرة (فعدد المرؤوسين تحت كل مدير واضح).

الوظيفة الثالثة: التوظيف:

الناس المنتمين للمؤسسة هم الموارد الأكثر أهمية من جميع الموارد الأخرى، هـذه الموارد البشرية حصلت عليها المؤسسة مـن خـلال التوظيف، المؤسسة مطالبة بتحديد وجذب والمحافظة على الموظفين المؤهلين لملء المواقع الشاغرة فيها من خـلال التوظيف، التوظيف يبـدأ بتخطيط المـوارد البشرـية واختيـار المـوظفين ويسـتمر طـوال وجـودهم بالمؤسسة.

يمكن تبيين التوظيف على أنها عمليـة مكونـة مـن ثمـان مهـام صـممت لتزويـد المؤسسة بالأشخاص المناسبين في المناصب المناسبة، هـذه الخطـوات الثمانيـة تتضمن: تخطـيط المـوارد البشرـية، تـوفير المـوظفين، الاختيـار، التعريـف بالمؤسسـة، التـدريب والتطوير، تقييم الأداء، المكافآت والترقيات وخفض الـدرجات والنقـل، وإنهـاء الخدمـة. ويتم تعريف كل واحدة من هذه المهام الثماني كما يلي:

مهام التوظيف الثمانية:

أولاً: تخطيط الموارد البشرية: الغاية من تخطيط الموارد البشرـية هـي التأكـد مـن تغطية احتياجات المؤسسة من الموظفين، ويتم عمل ذلك بتحليل خطط المؤسسة لتحديد المهارات المطلوب توافرها في الموظفين، ولعمليـة تخطـيط المـوارد البشرـية ثـلاث عنـاصر هي:

1. التنبؤ باحتياجات المؤسسة من الموظفين.

2. مقارنة احتياجات المؤسسة بموظفي المؤسسة المرشحين لسد هذه الاحتياجات.

3. تطوير خطط واضحة تبين عدد الأشخاص الذين سيتم تعيينهم (من

خارج المؤسسة) ومن هم الأشخاص الذين سيتم تدريبهم (من داخل المؤسسة) لسد هذه الاحتياجات.

ثانياً: توفير الموظفين: في هذه العملية يجب على الإدارة جذب المرشحين لسد الاحتياجات من الوظائف الشاغرة. وستستخدم الإدارة أداتين في هذه الحالة هما مواصفات الوظيفة ومتطلباتها، وقد تلجأ الإدارة للعديد من الوسائل للبحث عمن يغطي هذه الاحتياجات، مثل: الجرائد العادية والجرائد المختصة بالإعلانات، ووكالات العمل، أو الاتصال بالمعاهد والكليات التجارية، ومصادر (داخلية و/أو خارجية) أخرى. وحالياً بدأت الإعلانات عن الوظائف والاحتياجات تدار عن طريق الإنترنت حيث أنشأت العديد من المواقع لهذا الغرض.

ثالثاً: الاختيار: بعد عملية التوفير، يتم تقييم هؤلاء المرشحين الذين تقدموا لشغل المواقع المعلن عنها، ويتم اختيار من تطابق عليه الاحتياجات، خطوات عملية الاختيار قد تتضمن ملء بعض الاستمارات، ومقابلات، واختبارات تحريرية أو مادية، والرجوع لأشخاص أو مصادر ذات علاقة بالشخص المتقدم للوظيفة.

رابعاً: التعريف بالمؤسسة بمجرد اختيار الموظف يجب أن يتم دمجه بالمؤسسة، عملية التعريف بالمؤسسة تتضمن تعريف مجموعات العمل بالموظف الجديد وإطلاعه على سياسات وأنظمة المؤسسة.

خامساً: التدريب والتطوير: من خلال التدريب والتطوير تحاول المؤسسة زيادة قدرة الموظفين على المشاركة في تحسين كفاءة المؤسسة.

التدريب: يهتم بزيادة مهارات الموظفين.

التطوير: يهتم بإعداد الموظفين لإعطائهم مسؤوليات جديدة لإنجازها.

سادساً: تقييم الأداء: يتم تصميم هذا النظام للتأكد من أن الأداء الفعلي للعمل يوافق معايير الأداء المحددة.

سابعاً: قرارات التوظيف: قرارات التوظيف كالمتعلقة بالمكافآت التشجيعية، النقل، الترقيات، وإنزال الموظف درجة كلها يجب أن تعتمد على نتائج تقييم الأداء.

ثامناً: إنهاء الخدمة: الاستقالة الاختيارية، والتقاعد، والإيقاف المؤقت، والفصل يجب أن تكون من اهتمامات الإدارة أيضاً.

الوظيفة الرابعة: التوجيه:

بمجرد الانتهاء من صياغة خطط المؤسسة وبناء هيكلها التنظيمي وتوظيف العاملين فيها، تكون الخطوة التالية في العملية الإدارية هي توجيه الناس باتجاه تحقيق الأهداف التنظيمية، في هذه الوظيفة الإدارية يكون من واجب المدير تحقيق أهداف المؤسسة من خلال إرشاد المرؤوسين وتحفيزهم.

وظيفة التوجيه يشار إليها أحياناً على أنها التحفيز، أو القيادة، أو الإرشاد، أو العلاقات الإنسانية، لهذه الأسباب يعتبر التوجيه الوظيفي الأكثر أهمية في المستوى الإداري الأدنى لأنه ببساطة مكان تركز معظم العاملين في المؤسسة، وإذا أراد أي شخص أن يكون مشرفاً أو مديراً فعالاً عليه أن يكون قيادياً فعالاً، فحسن مقدرته على توجيه الناس تبرهن مدى فعاليته.

متغيرات التوجيه:

أساس التوجيهات للمرؤوسين سيتركز حول نمط في قيادة (دكتاتوري، ديمقراطي، عدم التقييد) وطريقة اتخاذ القرارات، هنالك العديد من المتغيرات التي ستتدخل في القرار حول كيفية توجيه المرؤوسين مثل: مدى خطورة الحالة،

نمطك القيادي، تحفيز المرؤوسين، وغيرها. بالإضافة إلى ذلك يكون القائد الموجه للآخرين عليه:

1. معرفة جميع الحقائق عن الحالة.

2. التفكير في الأثر الناجم عن القرار على المهمة.

3. الأخذ بعين الاعتبار العنصر البشري عند اتخاذ القرار.

4. التأكد من أن القرار الذي تم اتخاذه هو القرار السليم الذي يجب اتخاذه.

بالنسبة للشخص الذي يوجه أنشطة الآخرين عليه أيضاً:

1. تفويض المهام الأولية لجميع العاملين.

2. جعل الأوامر واضحة ومختصرة.

3. متابعة كل شخص تم تفويضه، وإعطاء أوامر محددة سواء كانت كتابية أو شفوية.

وفيما يتعلق بالعملية التوجيهية نورد ما يلي:

مقترحات حول عملية التوجيه:

1. عدم جعل التوجيه نزاع من أجل السلطة، ومحاولة تركيز اهتمام المدير -اهتمام الموظفين- على الأهداف الواجب تحقيقها، الفكرة هي تخيل أن هذا هو الوضع التي تقتضيه الأوامر، فهو ليس مبنياً على هوى المدير.

2. عدم اللجوء إلى الأساليب الخشنة، وذلك لأجل أن يأخذ الموظف التعليمات بجدية.

3. الانتباه للكلمات الصادرة. الكلمات قد تصبح موصل غير موثوق فيه للأفكار، كما يجب أيضاً مراقبة نبرة الصوت، فمعظم الناس يتقبلون حقيقة أن عمل المشرف هو إصدار الأوامر والتعليمات، ومعارضتهم لهذه الأوامر مبنية على الطريقة التي أصدرت فيها هذه الأوامر.

4. عدم الافتراض أن الموظفين فهموا كل شيء، وإعطاء الموظفين فرصة لطرح الأسئلة ومناقشة الأهداف، وإعطائهم الفرصة ليؤكدوا فهمهم بجعلهم يكررون ما تم قوله.

5. التأكد من الحصول على " التغذية الراجعة " بالطريقة الصحيحة، وإعطاء الموظفين الذين يريدون الاعتراض على المهام الفرصة لعمل ذلك في الوقت الذي يتم فيه تفويض المهام لهم. إن معرفة والسيطرة على المعارضة وسوء الفهم قبل بدء العمل أفضل من الانتظار فيما بعد.

6. عدم إعطاء الكثير من الأوامر، المعلومات الزائدة عن الحد الذي تعتبر فيه مثبطة للعاملين، وجعل التعليمات مختصرة ومباشرة، والانتظار حتى ينتهي العاملون من العمل الأول قبل أن يطلب منهم البدء في عمل ثان.

7. إعطاء التفاصيل المهمة فقط بالنسبة للمساعدين القدماء، حيث لا يوجد ما يضجرهم أكثر من استماعهم لتفاصيل معروفة.

8. الانتباه للتعليمات المتضاربة، والتأكد من عدم القول للموظفين أمراً ما بينما المشرفين في الإدارات المجاورة يقولون لموظفيهم ما يعارض ذلك.

9. عدم اختيار العامل المستعد للعمل فقط، والتأكد من عدم تحميل الشخص المستعد أكثر من طاقته، والتأكد أيضاً من إعطاء الأشخاص الصعب قيادتهم نصيبهم من العمل الصعب أيضاً.

10. محاولة عدم تمييز أي شخٍّ، من غير اللائق معاقبة الشخص بتكليفه بمهمة كريهة، ومحاولة التقليل من هذا الأمر قدر المستطاع.

11. الأهم من جميع ذلك، عدم لعب " التسديدة الكبرى "، المشرفين الجدد يخطئون أحياناً بالتباهي بسلطاتهم، أما المشرفين الأكثر نضجاً فغالباً ما يكونون أكثر قرباً من الموظفين.

الوظيفة الخامسة: الرقابة:

التخطيط، والتنظيم، والتوظيف، والتوجيه يجب أن يتابعوا للحفاظ على كفاءتهم وفعاليتهم، لذلك فالرقابة آخر الوظائف الخمسة للإدارة، وهي المعنية بالفعل بمتابعة كل من هذه الوظائف لتقييم أداء المؤسسة تجاه تحقيق أهدافها.

في الوظيفة الرقابية للإدارة، سوف تنشئ معايير الأداء التي سوف تستخدم لقياس التقدم نحو الأهداف، مقاييس الأداء هذه صممت لتحديد ما إذا كان الناس والأجزاء المتنوعة في المؤسسة على المسار الصحيح في طريقهم نحو الأهداف المخطط تحقيقها.

خطوات العملية الرقابية الأربعة:

وظيفة الرقابة مرتبطة بشكل كبير بالتخطيط، في الحقيقة الغرض الأساسي من الرقابة هو تحديد مدى نجاح وظيفة التخطيط، هذه العملية يمكن أن تحصر ـ في أربعة خطوات أساسية تطبق على أي شخص أو بند أو عملية يراد التحكم بها ومراقبتها.

الخطوات الأساسية الأربعة هي:

1- **إعداد معايير الأداء:** المعيار أداة قياس، كمية أو نوعية، صممت لمساعدة مراقب أداء الناس والسلع أو العمليات. المعايير تستخدم لتحديد التقدم، أو التأخر عن الأهداف. طبيعة المعار المستخدم يعتمد على الأمر المراد متابعته، أياً كانت المعايير، يمكن تصنيفهم جميعاً إلى إحدى هاتين المجموعتين: المعايير الإدارية أو المعايير التقنية، وفيما يلي وصف لكل نوع:

أ-   المعايير الإدارية: تتضمن عدة أشياء كالتقارير واللوائح وتقييمات الأداء، ينبغي أن تركز جميعها على المساحات الأساسية ونوع الأداء المطلوب لبلوغ الأهداف المحددة. تعبر المقاييس الإدارية عن من، متى، ولماذا العمل.

مثال: يطالب مدير المبيعات بتقرير شهري من كل الباعة يبين ما تم عمله خلال الشهر

ب- المعايير التقنية: يحدد ماهية وكيفية العمل، وهي تطبق على طرق الإنتاج، والعمليات، والمواد، والآلات، معدات السلامة، والموردين. يمكن أن تأتي المعايير التقنية من مصادر داخلية وخارجية.

2- **متابعة الأداء الفعلي:** هذه الخطوة تعتبر مقياس وقائي.

3- **قياس الأداء:** في هذه الخطوة، يقيس المديرين الأداء ويحددون إن كان يتناسب مع المعايير المحددة، إذا كانت نتائج المقارنة أو القياسان مقبولة خلال الحدود المفترضة، فلا حاجة لاتخاذ أي إجراء، أما إن كانت النتائج بعيدة عن ما هو متوقع أو غير مقبولة فيجب اتخاذ الإجراء اللازم.

4- تصحيح الانحرافات عن المعايير: تحديد الإجراء الصحيح الواجب اتخاذه يعتمد على ثلاثة أشياء: المعيار، دقة القياسات التي بينت وجود الانحراف، وتحليل أداء الشخص أو الآلة لمعرفة سبب الانحراف. ضع في الاعتبار تلك المعايير قد تكون مرخيّة جداً أو صارمة جداً، القياسات قد تكون غير دقيقة بسبب رداءة استخدام آلات القياس أو بسبب وجود عيوب في الآلات نفسها. وأخيراً، من الممكن أن تصدر عن الناس أحكاماً رديئة عند تحديد الإجراءات التقويمية الواجب اتخاذها.

مقابلة مع مدير العمل حول المشاكل الإدارية

:Interview of Management Manager

تمت مقابلة مدير العمل وذلك للتعرف بشكل عملي على المشاكل الإدارية التي تواجه العمل وقد تم التعرف على بعض المشاكل وهي كما يلي:

أولا: أفكار لتحسين أداء المؤسسة Ideas for Improving the Performance of :an Organization

بعد دراسة عدد من النشرات أصبح بالإمكان الإشارة لبعض الأفكار التي تظهر في النشرة التي أصدرها قسم الأمم المتحدة للشؤون الاقتصادية والاجتماعية تحت عنوان " دليل عملي لبرنامج تحسين الأداء في المؤسسات العامة " “A practical guide for :performance improvement programming on public organization”

وهي أفكار يجب أن تؤخذ بعين الاعتبار من اجل كل نموذج من نماذج المؤسسة.

إن الفكرة الأولى التي نريد لفت الانتباه لها هي "أن التوظيف التنظيمي Organizational Functioning والسلوك والفعالية والتأثير هي أمور مشروطة ومتوقفة على المحيط والبيئة داخلياً وخارجياً، وقد أصبح الأداء التنظيمي العام عملية معقدة، فعدد من العوامل المعتمدة على بعضها والتي تشكل الدائرة ذات الدعم الذاتي (self sustaining circuit) منشغلة ومنهمكة في ديناميكية التغيير ضمن تنظيمات معقدة، ومثل هذه العوامل التي منها احترام وتبجيل المدراء وتأثيرهم على صانعي السياسة يمكنها جميعاً أن تحدث التغيير. ويمكن لهذه المتغيرات أن تبدأ من أية نقطة في الدائرة التنظيمية (Organizational Circuit).

ولذلك فإن إجراء دورات قليلة ليس كافياً لتحسين أداء المؤسسة.

والمفهوم الثاني هو التدريب الإداري، فلقد أنفقت بليونات من الدولارات على برامج التدريب التقليدية للمدراء، وقد اعتبر تطوير مثل هذه البرامج على أنه أهم تجديد في التعليم في هذا القرن. ومع ذلك فد أعطت المحاولات التي تجري لربط التدريب بالتغيرات التي تطرأ على هذا السلوك في العمل مع تأثير تنظيمي محسن نتائج مخيبة للأمل.

والنتيجة هي أن الخبرة ببرامج التدريب التقليدية من النوع العام -وحتى تلك ذات الجودة العالية منها - لها تأثير محدود وغير مؤكد على الأداء التنظيمي. وهذا ناتج عن الحقيقة أن المدير كفرد غارق في نظام فني واجتماعي معقد وأن هذا الأمر يعطى بعض الاعتبار أثناء تدريب المدراء. ويمكن تحقيق تغيير تنظيمي ذو مجال عريض من خلال مساهمة كل المدراء في العمل المقرر.

والمفهوم الأخلاقي الآخر هو الحصول على المساعدة عن طريق استشارة الخبراء والمختصين، هذا الأمر الذي ينفق عليه بلايين الدولارات سنوياً،

وملفات المؤسسات في البلدان النامية والبلدان المتطورة على حد سواء هي مناجم ذهب من التقارير الاستشارية المهنية المكتوبة، تلك التقارير التي تشخص الصعوبات ضمن المؤسسة الزبونة بشكل دقيق ومضبوط وتقدم توصيات محددة من أجل التغيير. وقد كان التحسين والتطوير المرجو لنسبة عالية من مثل هذه الجهود في المؤسسات الزبونة قليلاً أو معدوماً. ويجب على الخبير أن يطور مقدرة المؤسسة الزبونة على حل المشاكل بدلاً من أن يخلق عندها اتكالية عليه وعلى نصحه ومشورته، وذلك من خلال إيجاد انشغالات ونشاطات فعالة عندها. ويجب إيجاد الحلول ودراستها ضمن المؤسسة نفسها وبذلك تنفذ بنجاح ويكون دور الخبير في هذه الحالة هو تسهيل الأعمال الضرورية فقط بحيث تستطيع المؤسسة إيجاد حلولها بنفسها بعد ذلك.

والتعليق الأخير يخص تقييم الأداء. وقد وقعت الطرق التقليدية لتقييم أداء المدير تحت وطأة هجوم وانتقاد متزايدين، والنقد الرئيسي لكثير من الطرق هو أن التقنيات وأسلوب الإدارة والإجراءات والأساليب التي يستخدمها المديرون غالباً ما تعطى وزناً أكبر من النتائج التي تنتج عنها.

وبالإضافة إلى ذلك فإن دور المنفذين في تقرير المعيار الذي سيتم تقييمهم على أساسه غالباً ما يكون صغيراً أو معدوماً.

وأخيراً فإن العاملون في سلطات المراقبة غالباً ما يعتبرون أنفسهم مقيمون ومخمنون بينما لا يبذلون إلا جهداً صغيراً فقط لتسهيل ودعم تحقيق الأهداف التي يرسمها أولئك المدراء الذين لهم الفضل في تخويلهم هذه السلطة.

ثانياً: أسس الوسيلة (الأداة) المقترحة

Basis for the proposed tool:

كيف يمكن علاج هذه الأوضاع؟ الذي نحتاجه هو وسيلة للتعامل مع المؤسسة بكليتها، تلك الوسيلة التي تعتمد على مفاهيم متطورة حديثة في مجال السلوك التنظيمي وبشكل خاص على التطوير التنظيمي (OD) والإدارة بواسطة الأهداف Management by Objectives (MBO) والاستشارة حول العملية Process Consultation.

وبما أن الخطة النموذجية الشاملة (Comprehensive Systematic Plan) بشأن تحسين الإدارة الموصى بها في نهاية هذه المقابلة مبنية على استخدام وتطبيق هذه المفاهيم الثلاثة فإننا سنلخصها باختصار أدناه.

التطوير التنظيمي Organizational Development (OD):

لقد أعطى هذا المفهوم تعاريف مختلفة وقد وصف التطوير التنظيمي في أحد هذه التعاريف بأنه يتضمن ثلاث درجات:

أ- جهد طويل الأمد (a long-range effort) لإدخال تغيير مخطط مبني على تشخيص يشارك فيه عناصر من المؤسسة.

ب- برنامج يتضمن تنظيم كلي أو نظام متناسق أو جزء من ذلك.

ج- هدف ذو أثر تنظيمي متزايد واختيار تنظيمي معزز.

وقد اعتبر التطوير التنظيمي في تعريف آخر أنه تغيير مخطط أو جهد ذو نظام كلي يتضمن الإدارة العليا مع الأهداف السليمة والصحيحة ذات التأثير التنظيمي العام المتزايد كما أنه يساعد في تحقيق أهداف تنظيمية محددة.

ويتم تحقيق ذلك بواسطة تدخلات مخططة في بنية وعمليات المؤسسة

باستخدام العلم الاجتماعي وكل المعارف الأخرى المتعلقة بالموضوع، كما يتضمن جزء من الخطة المقترحة للتزويد بهذه المعلومات على شكل برامج أو مناهج تدريبية كما اعتبر تعريف ثالث مشهور التطوير التنظيمي على أنه جهد مخطط يشمل كامل المؤسسة عبر تدخل مخطط في عملياتها باستخدام معلومات من العلوم العسكرية Behavioral Science.

وجميع هذه التعاريف لها نقاط تشابه كثيرة أولها أن هدف التغيير هو المؤسسة ككل (أو جزء رئيسي- منها) وليس الفرد. وثانيها أن المستويات العليا من الإدارة في المؤسسة يشاركون بشكل فعال في تشخيص المشاكل وتطوير خطط العمل من أجل إيجاد الحلول، إن فعاليات تشخيصية وتخطيطية مترابطة كهذه لهي بحد ذاتها حوافز هامة للتغيير.

الاستشارة حول العملية Process Consultation:

يتضمن التطوير الكبير في التأثير التنظيمي المتزايد ضمن حركة التطوير التنظيمي (OD) دوراً جديداً للمستشارين والخبراء، إذا تعتبر الاستشارة حول العملية نشاطات حل مشاكل الزبون على أنها معاكسة لمشاكله ويكون تركيز المستشار على العملية التي يتم تحقيق الأهداف بواسطتها، وليس على الأهداف نفسها بشكل مباشر، إذن فالمستشار لا يقدم حلولاً جاهزة للمشاكل، ولكن يساعد المؤسسة المستشيرة على إجراء تشخيصات محددة ونموذجية لصعوبتها ومشاكلها وعلى تطوير برامج عمل لزيادة الفعالية والتأثير التنظيمي.

إن دور مستشار العملية أقل مركزية وأهمية ونصحاً من دور المستشار التقليدي ولكنه أكثر منه مساعدة وتقديماً للتسهيلات، فعمله هو مساعدة المؤسسة على حل مشاكلها الخاصة بها عن طريق جعلها على علم ودراية بالعمليات التنظيمي وما ينتج عنها من نتائج، وبالآليات التي يمكن تغيير هذه

العمليات بواسطتها، ويساعد مستشار العملية المؤسسة لكي تستفيد من تشخيصها الذاتي ومساعدتها الذاتية.

واهتمامه المطلق هو تطوير مقدرة المؤسسة لكي تصبح قادرة على القيام بنفسها بما يقوم به المستشار عادة ودون مساعدة أحد.

ويكون اهتمام المستشار التقليدي عادة هو إيصال معلوماته للمؤسسة، بينما يكون اهتمام مستشار العملية هو إيصال مهاراته وقيمه لها.

الإدارة بواسطة الأهداف

Management by Objectives (MBO):

وهي نظام من الإدارة مصمم لكي يضمن تنفيذ المدراء لأهداف المؤسسة، إذ يتوقع من المدراء أن ينشئوا أهدافهم الخاصة المبنية على أهداف المؤسسة، ويتم التعبير عن مثل هذه الأهداف بعبارات يمكن قياسها وبذلك يمكن للمدراء تقييم أدائهم والتحكم به بشكل أفضل.

وتستبدل الإدارة بواسطة الأهداف (MBO) التحكم من خارج القسم (أي تلقي أوامر خارجية) بنوع من التحكم الداخلي أثر دقة وفعالية وتأثيراً فهو يحفز المدير على العمل ليس لأن شخص ما أمره أن يؤدي شيئاً ما أو تكلم معه حول ذلك ولكن لأن مهمته في العمل تستدعي ذلك حسب الأهداف المرسومة.

ويوجد في الإدارة بواسطة الأهداف (MBO) سبعة مركبات (عناصر) مألوفة وشائعة في جميع برامج الـ MBO الناجحة وهي:

- هدف محدد لكل منصب وكل موقع عمل.

- وضع مشترك للأهداف من قبل المدير ومراقبيه.

- الربط بين الأهداف عبر المدراء.
- قياس وضبط تحقيق وإحراز الأهداف.
- مراجعة الأهداف وتكريرها مرة بعد مرة بعد تجديدها وتقويم أخطائها.
- انهماك كادر دعم المدير بالعملية بشكل كبير.
- انهماك السلطات بالعملية بشكل كبير.

ويكون التركيز الأكبر للMBO عند تقييمها للأداء على النتائج وتتضمن نشراً مشتركاً للأهداف وتطويراً لخطط العمل من أجل تحقيقها، وهي تسلط الأضواء على دور سلطة المراقبة كمورد للمدراء الثانويين، فعندما تستخدم بشكل لائق ومناسب فإن العملية تسهل القيام بمناقشة ثنائية (باتجاهين) Two way Discussion بين المدراء والتابعين لهم، كما تقلل وتصغر الفجوة الاجتماعية بين هاتين الطبقتين.

وتركز هذه الطرق الثلاثة الحديثة الخاصة بالأداء التنظيمي المحسن على مستويات مختلفة من التنظيم كل منها عنصر حاسم من عناصر النجاح.

وتسلط الOD الأضواء على التغيير المخطط في النظام الكلي للمؤسسة أو الأنظمة الفرعية الهامة. وقد تم توجيه الابتكار الخاص لل OD بخصوص الاستشارة حول العملية Process Consultation باتجاه تحسين تشغيل المجموعات التي تم تأسيسها وكمثال على ذلك المدير التنفيذي وكادره، و/أو العلاقة بين الوحدات الوظيفية والعملية وكمثال على ذلك التحكم بالإنتاج والجودة، بينما تسلط MBO الأضواء على العلاقة بين المراقب والتابع Supervisor - Subordinate Relationship وتحاول ربط أهداف الأفراد الرئيسين في المؤسسة بأهداف الأداء للمشروع بأكمله.

ويوجد نقاط مشتركة بين الطرق الثلاثة وهي تأكيدها جميعاً على الانهماك الكامل والفعال لعناصر المؤسسة المناسبين في جهود التغيير.

ثالثاً: خطة نموذجية شاملة من أجل تحسين الإدارة Comprehensive Systematic Plan for the Improvement of Management:

يجب أن يكون تحسين أداء المؤسسة وفق برنامج وخطة، والطريق المقترحة أدناه تتمم التقنيات والآليات التي ذكرت سابقاً (ال OD وال MBO) مع التأكيد والتركيز على المراجعات والتغيير المستمرين.

ويجب أن تتطابق هذه الأمور وتتوافق بشكل عام مع المشاكل كما يجب أن يكون تطوير الحلول كلاً مترابطاً.

ولذلك يجب أن ينطبق البرنامج على المشاريع وفق قواعد خاصة بكل مؤسسة على حدة مع انه يمكن أن يتضمن أجزاء عامة محددة مع المؤسسات الأخرى مثل محتوى المعارف التي تنشر على شكل مناهج أو دورات (والتي تطبق بشكل مشترك بين المؤسسات في أمريكا اللاتينية).

ويهدف هذا الطريق إلى إيجاد مدراء منفتحين ومهيئين للتفاعل المشترك والتعاون مع غيرهم، ولكي نستطيع وضع اخطة في حيز التطبيق نحتاج إلى العناصر التشغيلية التالية:

المحتوى Content: مؤسسات (عامة أو خاصة) أو وحدات إدارة مسؤولة.

البيئة Environment: قيادات عليا (Top Authorities) مدركين بأن هناك فجوة في عملية تحسين الأداء توافق على اتخاذ اجراءات وقوانين لتحتضن التغيير.

الفلسفة Philosophy: الرغبة في البدء بالنشاطات التي تقود إلى التطور عبر نظام فعال قائم على التفاعل المشترك وذو تصحيح ذاتي (Self Correcting).

المتطلبات Requirements: تسهيلات من أجل أن يكون التدريب أقرب ما يمكن من مواقع العمل (ربما ضمن نفس المؤسسة).

فريق صغير من الأشخاص متمرسين في التدريب على الإدارة وفي علم السلوك وفي التطوير الإداري.

وبالإضافة إلى العناصر التشغيلية التي تم ذكرها نقترح المراحل التالية لتنفيذ الخطة:

المرحلة الأولى: يجمع الفريق الذي أشرنا إليه أعلاه معطيات حول المؤسسة، وهذه الخطوة هي بمثابة سبر أولي لمشاكل العمل.

المرحلة الثانية: ينظم الفريق اجتماعات مع الإدارة العليا ويتم فحص مشاكل العمل فيما بعد من قبل المدراء الكبار ويكون دور الفريق في هذه المرحلة هو تسهيل وتسجيل النشاطات والفعاليات ويعتبر هذا الأمر كبداية لعملية التحسين، وفي هذه المرحلة بالذات توضع الأهداف وتفحص مستويات الأداء والمؤشرات ويتم تخطيط برامج العمل ووضع الخطوط العريضة لها.

وتوزع البرامج التنفيذية على مجموعات من الكادر من مستويات مختلفة من المؤسسة على وحي ما تم تقريره من قبل الإدارة العليا كما يتم في هذه المرحلة أيضاً رسم خطط من أجل المراجعات اللاحقة والدورات التقييمية.

المرحلة الثالثة: وتتعامل هذه المرحلة مع التدريب وهي ضرورية حسب الدراسات التي تمت في المنطقة الأمريكية، وتستطيع هذه المرحلة أن تفيد عدة مؤسسات لها مشاكل مشابهة وحيث يكون بنك المناهج لنظام المشاركة العالمية

للتدريب في مجال الاتصالات التابع لل ITU مفيداً وفعالاً.

وفي هذه المرحلة بالذات تكون المؤسسات تعمل على إنتاج المناهج (بحسب مقياس الITU) وتكون قد قدمت تجربتها في التدريب الإداري.

المرحلة الرابعة: وتهتم هذه المرحلة بتطوير برامج عمل خاصة تمثل الجزء من الحلول الذي لا علاقة له بالتدريب والذي كان قد تم تخطيطه ووضع البرامج له في المرحلة الثانية مع القيام بتعيين أشخاص لتحمل المسؤولية.

المرحلة الخامسة: تطوير نشاطات خاصة تتولد لدينا كنتيجة لبرامج التدريب وتوجه نحو تنفيذ المفاهيم والأفكار والتي نوقشت أثناء مرحلة التدريب وهي مكملة لإجراءات ومقاييس تابعة للمرحلة الرابعة.

ويتم تنفيذ المراحل الثالثة والرابعة والخامسة حسب المطلوب، إذ أنها مراحل تنفيذية تقوم بتنفيذها مجموعات العمل، وسيعتمد عددها وطول فترتها على حجم المؤسسة ودرجة تعقيد المشاكل التي نعالجها.

ويمكن تنفيذ هذه المراحل طبعاً في آن واحد عن طريق مجموعات أو أقسام مختلفة ضمن المؤسسة.

مراجعة وتقييم مراحل العمل

Review and Evaluation of Stages:

من الجوهري إجراء مراجعات وتقييمات دورية بين الحين والآخر وذلك من أجل نجاح العملية بكاملها، وهذه الأمور ضرورية أيضاً من أجل استمرارية التقدم في برامج العمل ومن ثم التمكن من عملية التبديل والتقويم والتعديل على ضوء أية ظروف متغيرة وأية تغيرات تطرأ، ويضمن هذا

التجديــد للمعطيــات والأهــداف أن تصـبح العمليــة جزء مـن أسـلوب الإدارة في المؤسسة.

والمجموعة الصغيرة من الأفراد الذي يبدأون ويسهلون العملية هـم عنصر ـ رئيسيـ في تطبيقها وإنجاحها، إذ يجب عليهم تجميع المعطيات أو الفهارس المتعلقـة بالأداء التنظيمي والتي لها علاقة بالموضـوع قبـل المشـروع بـالتمرين والتـدريب. كما يجب أن يتركوا أثراً لهذه الفهارس أثناء المراحل المختلفة للعملية بحيث يكونون قادرين على قياس درجة التغيير ووضع نتائج سببية وروابط متبادلة، وإن مـن دور وواجب هـؤلاء الأفراد إنشاء التفاعل وعمل تحاليل تجريبية قياسية حـول أثر بـرامج التحسـين والتطويـر علـى المؤسسة.

وحالما تصبح جميع مراحل هـذه العمليـة فعالـة وسـارية المفعـول ومألوفة في المؤسسة لا يبقى هنـاك عـذراً أن لا تصـبح هـذه العمليـة جـزءاً طبيعيـاً مـن الممارسـات الإدارية في المؤسسة دون مسـاعدة الفريـق الاستشـاري (Advisory Team) ولكن ربما يكون هناك استثناءاً وحاجة لوجود تقنية إدارية محددة من اجل حل مشكلة ما.

ونستطيع أن نرى الخطة النموذجية الشاملة لتحسين الإدارة الموصى بها للمشاريع التي تشمل كل التجارب والأعمال التي يجب مناقشتها في الاجتماعات والنـدوات الأخـيرة ويظهـر الحاجة لإعـداد السـلطات العليـا التي بمسـاعدة مجموعـة المـورد (Group Resources) يجب أن تنشئ عملية المرحلة الثانيـة وأن تصـونها وتتابعهـا باسـتمرار مـع توسعاتها ومستجداتها.

ويجب أن تتضمن مجموعة المورد أثناء المرحلة الثانية قيام السلطات العليا بتحديد ما يلي:

* الأهداف التنظيمية وقياسات الأداء:

- ما هو نوع الأعمال التي نقوم بها؟
- الأهداف ومؤشرات الأداء والأوليات.
- تصور الأداء المستقبلي ووضع الخطط له.

* تحديد وتحليل مشاكل الأداء والأسباب المحتملة (القوى المانعة والقاهرة والمتفاعلة) Interacting, Impelling and Impeding Forces:

- تصنيف وتسجيل المشاكل.
- تقييم شدة القوى الممانعة والقاهرة.

* إنشاء استراتيجيات وبرامج عمل من أجل التحسين والتطوير:

- عصف الأفكار Brainstorming:
- تحديد البدائل ونتائجها.
- المنتج الأخير: خطة من اجل تحسين أداء المؤسسة.

* الترتيبات من أجل التنفيذ:

- مجموعات العمل والمنسقون والمنظرون ودورات ومجالس المراجعة.
- التنبؤ بصعوبات التنفيذ وكيف يمكن التغلب عليها (خطط بديلة وخطط طارئة).

- تحديد المواضيع الخاصة بالتباحث مع السلطات الخارجية (من خارج المؤسسة)

- انتقاء برامج العمل ذات الأولوية القصوى.

- دورات واجتماعات المرافعة والتنقيح والتجديد.

- النظر إلى تحسين الأداء على أنه دورة مستمرة وعمل متواصل.

ويمكن للمرحلة الثالثة –التدريب– أن تستفيد من موارد نظام المشاركة العالمي لل ITU (International Sharing System) للتدريب في مجالات الاتصالات، وقد تم القيام بمعظم العمل في هذه المرحلة في المنطقة الأمريكية مع تحليل لمتطلبات التدريب على القيادة والإدارة (وهو جزء من العمل الذي كان يجب أن يتم في المرحلة الثانية وإنتاج سلسلة من المناهج والدورات بما يتوافق مع المقاييس والمعايير الصغرى، والمساهمة في خبرة جديدة في التدريب الإداري).

ويمكن لفت الانتباه إلى حالتين مختلفتين وهما:

- المدراء الموجودين على رأس عملهم.

- التدريب على الإدارة أثناء الحياة العملية للكادر المسئول بشكل فعال عن ترقية المناصب القيادية والإدارية.

ويوصى بالتعامل مع المجالين التاليين لمعرفة حالة المدراء الموجودين على رأس عملهم:

- المستوى الأعلى والمستوى المتوسط للإدارة.

- المستوى التشغيلي والمستوى الرقابي للإدارة.

ومن الممكن أن يتم التعامل بنفس المواضيع مع كلا المجالين على الرغم من أن التفاصيل والحيثيات ستختلف بحسب المسؤوليات.

والمرحلة الرابعة - التي تتألف من تنفيذ حلول المشاكل التي لا علاقة لها بالتدريب- محددة جداً بالنسبة لكل مؤسسة. ومن خلال إمضاء أربع سنوات في زيادة مؤسسات الاتصالات في المنطقة الأمريكية أصبح من الممكن تحديد مشاكل المعلومات (Information Problems) في كل حالة من الحالات. فإذا أردنا خلق مدراء مستنيرين ومنفتحين وتوزيع المسؤوليات والسلطة على المستويات المختلفة للمسؤولية ضمن البنية التنظيمية، فيجب علينا حينئذ خلق نظام معلومات إداري فعال ليزودنا بالمعلومات الضرورية والفعالة والكافية لصنع القرار.

ويمكن التعامل مع مثل هذا النظام من المعلومات تقليدياً وبوضوح، أو باستخدام أنظمة المعالجة بالكمبيوتر، ويبدو أن من المفيد في هذه النقطة ربط الأفار التي تطرح من قبل ممثلي ال TELEBRAS (Telecommunicates Brasileiras SA) في الاجتماعات واللقاءات عندما نتطرق لموضوع إدخال تقنيات جديدة في أنظمة الاتصالات، ويتم إدخال هذه التقنيات دون التحقق من أنها تؤثر بالمؤسسة بكاملها وليس فقط بمظاهرها وأمورها الفنية ولكن أيضاً بمظاهرها وأمورها الإدارية. وتستمر سلطاتنا - رغم ذلك - باستخدام الطرق التقليدية في إدارتها للمؤسسة.

ويعتقد بأن الالكترونيات الرقمية والمعالجات (Digital Electronics and Process) قد أقامت ثورة وتغييراً جذرياً في كل مظاهر المعارف الإنسانية، ولذلك يجب أن تكون مشاريعنا أيضاً مرنة بشكل كافي لإدخال التجديد في خدماتها وإدارتها، وفي هذا الزمان العصيب المعقد لا يستمر إلا الأكفاء ولا يمكن أن نكون أكفاء بطرق إدارة تقليدية بالية قديمة.

والمرحلة الخامسة هامة جداً، إذ يجب تنظيم وإنشاء مشاريع صغيرة بعد

القيام بنشاطات التدريب وذلك من اجل تنفيذ أي من المفاهيم والأفكار التي تمت مناقشتها في الدورات، مع الانتباه إلى تحسين الأداء للنشاط والفعالية في كل مكتب وإكمال القياسات الرئيسية الهامة للمرحلة الرابعة، وهذا سيمكن المشاركين في الدورة من الشعور بأنهم جزء متمم لعملية تحسين إدارة المشروع وبذلك فلن تبقى الدورات وسائل ميتة بلا روح.

ويجب أن يتم ترخيص هذه المشاريع ومراقبتها وضبطها من قبل نفس مجموعة المورد التي تراقب العملية بالكامل. كما أن مراحل التقييم والمراجعة هي أمور أساسية وجوهرية من أجل نجاح هذه العملية.

استنتاجات Conclusion:

وكنتيجة نقول أنه من الهام أن نكرر ونؤكد دائماً بان مدراء التدريب في الأشكال المختلفة والمتنوعة للإدارة هم الذين يتابعون التحسين والتطوير الحقيقي في أداء المؤسسة. وإن عملية التدريب ومواكبة التطور لهي أمر معقد يجب التعامل معه من قبل مجموعة من المختصين مع الدعم القوي لهم من قبل السلطات العليا في كل مؤسسة.

ويمكن أن يحصل التحسين عندما تكون المؤسسة نفسها قادرة على تشخيص مشاكلها وإيجاد هذه الإمكانيات والقدرات.

وأخيراً فإن مجموعة المنفذين الجيدين هي المجموعة التي تسعى وتبحث بشكل متواصل ومستمر لإيجاد طرق ووسائل لتحسين الأداء والتي تشغل نفسها في عمليات التغيير بشكل مباشر.

ويسعد مشروع كودافتيل ونظام التحصيص العالمي ITU من أجل التدريب على الاتصالات أن يوفر هذه الوسائل المذكورة للمهتمين بهذا الأمر وأن يقدمان المساعدة من أجل تنفيذ ذلك بأقصى ما يستطيعون.

الفصل الثاني

تطوير الإدارة والتنظيم في وزارة التربية والتعليم

وصولاً إلى إستراتيجية تربوية متطورة للسنوات المقبلة، تنسجم مع مستجدات العصر وتحدياته، وتقود مسيرة هادفة لتحقيق التقدم والنمو للعملية التربوية بمختلف أبعادها، كان لا بد من تحليل البيئتين الخارجية والداخلية للمؤسسة التربوية، بما تتضمنه من فرص متاحة ومخاطر وتهديدات محتملة ونقاط قوة وضعف ثم بلورة رؤى طموحة تقود هذه الاستراتيجية وتوجهها ضمن رسالة محددة الأبعاد وأهداف استراتيجية واضحة المعالم ومبررات وآليات تكفل الوصول إلى تلك الأهداف المنشودة بكفاءة وفاعلية، ويمكن إيجاز العناصر الرئيسة التي تتضمنتها وفق منظورها الشمولي على النحو الآتي:

الفرص المتاحة في البيئة الخارجية:

ومن أهمها، دعم القيادة الهاشمية ورؤيتها للتوجه نحو مجتمع الاقتصاد المعرفي، وتأكيد الدور الفاعل للنظام التربوي في شتى المجالات، والتوجه الحكومي الداعم لخطط في الإصلاح الإداري والتربوي، وتنفيذ مشروع الحكومة الالكترونية والاهتمام الملحوظ بتنمية الموارد البشرية والجو الديموقراطي السائد.

التهديدات والمخاطر في البيئة الخارجية:

والمتمثلة في قدم التشريعات وضعف الموارد المالية للحكومة، وتدني مستوى التنسيق بين القطاعات والجهات المختلفة ذات العلاقة والافتقار لسياسات عامة ثابتة.

نقاط القوة في البيئة الداخلية:

حيث الخطط التطويرية المتعاقبة للإصلاح التربوي، والبدء في تطبيق خطة طموحة للتعلم الالكتروني وإقرار نظام لرتب المعلمين، وبرامج محو الأمية الحاسوبية وتفويض الصلاحيات وتوفر الكفاءات البشرية.

نقاط الضعف في البيئة الداخلية:

ومن أبرزها، تدني مستوى العمل المؤسسي، والافتقار لرؤية مستقبلية ومشتركة معلنة وواضحة، وتشتت الجهود، ضعف التنسيق والتغيرات المتلاحقة في الهيكل التنظيمي، والافتقار لمعايير موضوعية للترقية والنمو الوظيفي، أما عن تحليل الهيكل التنظيمي لوزارة التربية والتعليم فهو يعاني من تعدد المستويات الإدارية وتباين غير مبرر في نطاق الإشراف بين تلك المستويات إضافة إلى اشتماله على كثير من نقاط القوة مثل: توافر إدارة لتكنولوجيا المعلومات وإدارة للبحث والتطويرالتربوي وإدارة للتدريب والتأهيل والإشراف التربوي.

الرؤية Vision:

نظام تربوي ديناميكي متطور قادر على مواكبة المستجدات وتوظيف تكنولوجيا المعلومات، يؤمن بالتغير والإبداع والتميز، ويرسخ رسالة التعليم ومهنيته ويعمل بروح الفريق ضمن تخطيط استراتيجي موجه نحو اقتصاد المعرفة.

الرسالة Mission:

تطوير الكفاءة المؤسسية القادرة على إدارة النظام التربوي بكفاءة، وتوفير الظروف والحوافز التي تساعد على توجيه الجهود والأمكانات لتحقيق الأهداف المنشودة بفاعلية، من خلال استخدام الأساليب والوسائل الإدارية الحديثة والتنسيق الفاعل بين مكونات النظام التربوي والمجتمع والتفاعل مع القضايا والتوجيهات الإقليمية والعالمية.

الأهداف الاستراتيجية:

وهي خمسة أهداف ذات آليات محددة، ينبغي اتباعها لتحقيق هذه الأهداف بفاعلية، ويمكن إيجازها كما يأتي:

1. **تعزيز مبدأ المشاركة والشفافية والمساءلة ومراعاة حاجات الجمهور:**

ويتحقق ذلك من خلال تطوير رؤية مشتركة حول مستقبل التربية والتعليم والارتقاء بالوزارة لتصبح مجتمع تعلم، واعتماد إدارة الجودة الشاملة وتطوير نظام للرقابة والمساءلة وتوجيه الثقافة المؤسسية.

2. **تعزيز التوجه نحو اللامركزية:**

ويمكن أن يتأتى ذلك بالتزام الإدارات العليا بتفويض الصلاحيات وإعداد قيادات رديفة، وتطوير تشريعات تساهم في دعم هذا التوجه، وإيجاد هيكل تنظيمي مرن يساعد على تفويض الصلاحيات واللامركزية وتأهيل العاملين في المجال التربوي وتدريبهم على ممارستها.

3. **الاستثمار الأمثل للموارد البشرية المتاحة:**

ويمكن أن يتحقق ذلك من خلال بناء قيادات تربوية، وتشكيلها بحيث تكون قادرة على إحداث التغيير المنشود، وتوكيد النمو المهني والمسار الوظيفي وبناء نهج تكاملي في تنمية الموارد البشرية والالتزام بميثاق أخلاقي للمهنة، وتطوير وصف وظيفي شامل للوظائف كافة، واعتماد التحفيز وتطبيق سياسة الباب المفتوح، والعمل بروح الفريق.

4. تطوير الأداء المؤسسي والفردي:

ويتم ذلك من خلال بلورة أهداف كل وحدة إدارية، وكل جهة معينة بشكل قابل للقياس ثم ترجمتها لأهداف فرعية وأساليب ووسائل إجرائية في ظل تشريعات مرنة وهيكل تنظيمي يعكس تلك الأهداف، ويتماشى مع تلك الأساليب، مع السماح بتفويض فعال للصلاحيات وتطوير معايير ومؤشرات تمكن من قياس الإنجازات المتحققة، إضافة إلى تطوير ملموس للقدرات المؤسسية للإدارات التربوية المسؤولة.

5. بناء نظام معلومات إداري متكامل:

إذ يمكن أن يتوفر ذلك من خلال تقييم الأنظمة المعلوماتية الموجودة في الوزارة، وتشكيل لجان متخصصة لإدارة المعلوماتية وتطوير خطة لتوفير المعلومات وإدارتهان مع استثمار البنية التحتية لشبكة المعلومات الإلكترونية والتنسيق الفاعل مع اللجنة المشرفة على الحكومة الإلكترونية.

وانسجاماً مع الرؤية الاستشراقية الثاقبة لجلالة الملك عبد الله الثاني المعظم، بأن يغدو الأردن مركزاً لتكنولوجيا المعلومات والاتصالات في المنطقة وترجمة لتوجيهات جلالته بضرورة الاستثمار الأفضل في التنمية البشرية لإعداد القوى المؤهلة فنياً وعلمياً وتدريبياً عالياً، للمنافسة عربياً وعالمياً والتحول قدماً نحو مجتمع الاقتصاد المعرفي، فقد عملت وزارة التربية والتعليم بالتنسيق مع الجهات المعنية محلياً ودولياً على الإعداد لمنتدى التعليم في أردن المستقبل بغرض صياغة رؤية مستقبلية مشتركة، يتوخى أن تنبثق عنها استراتيجية تربوية متطورة للمرحلة المقبلة تنسجم مع مستجدات العصر وتحدياته وتقنياته.

ولغايات إعداد رؤية العمل الفنية هذه، التي تناولت المكون الأول من مشروع التطوير التربوي نحو الاقتصاد المعرفي، والمتعلق بإعادة توجيه أهداف

سياسة النظام التربوي واستراتيجاته من خلال الإصلاح الإداري ومستويات اتخاذ القرار فقد تم تشكيل فريق فني من المختصين من داخل الوزارة، ومن المؤسسات الأخرى المتميزة في هذا المجال، كالمعهد الوطني للتدريين وجامعة مؤتة وقد عقد الفريق جلسات دورية متواصلة، حدد خلالها منهجية العمل ووضع الإطار الهيكلي للورقة، وذلك وفق منظور شمولي يستهدف تطوير الإدارة والتنظيم في وزارة التربية والتعليم في المركز والميدان بما ينسجم مع النظرة المستقبلية للنظام التربوي.

وقد باشر الفريق عمله بتحليل واقع النظام الإداري التربوي في وزارة التربية والتعليم باستخدام نموذج (SWOT) للتحليل والتخطيط الاستراتيجي، لتعرف الفرص المتاحة والمخاطر والتهديدات المتوقعة في البيئة الخارجية، وإدراك نقاط القوة والضعف في البيئة الداخلية للوزارة، كما تبع ذلك تحليل للهيكل التنظيمي لوزارة التربية والتعليم لتعرف أبرز خصائصه، وذلك لتحديد أين نحن الآن؟ كما حرص الفريق على وضع تصوراته حول المستقبل المنشود بصياغة الرؤية المستقبلية والرسالة والسمات المنشودة للإدارة التربوية المستقبلية، وتحديد الأهداف الاستراتيجية المتوخاة في جانب الإدارة والتنظيم في وزارة التربية والتعليم، وذلك لتحديد أين ينبغي أن نكون؟ وقد انطلق الفريق في عمله من مرتكزات عدة، أبرزها الخطط والبرامج والمشاريع التطويرية التي تنفذها الوزارة حالياً: وهي: الإطار الاستراتيجي للتعلم الالكتروني والبرنامج التنفيذي لخطة التحول الاقتصادي والاجتماعي والمشروع القطاعي التربوي "المرحلة الثالثة" التي يجري حالياً الإعداد لها، علماً بأن منظومة الأهداف الاستراتيجية الخمسة التي تم وضع المبررات المنطقية لها تشمل: تعزيز مبدأ المشاركة والشفافية والمساءلة ومراعاة حاجات الجمهور وتعزيز التوجه نحو اللامركزيةن والاستثمار الأفضل للموارد البشرية المتاحة،

وتطوير الأداء المؤسسي الفردي وبناء نظام معلومات إداري متكامل.

وتتصف هذه الأهداف الاستراتيجية بالشمولية والتكاملية فيما بينها كما تنسجم باتساقها مع الاستراتيجية الوطنية للإصلاح الإداري التي أقرت حديثاً، وبأنها تتطلب جهوداً تشاركية بين الأطراف المعنية كافة لتحقيقها.

وقد قام الفريق بوضع مجموعة من الآليات المقترحة لتنفيذ الأهداف الاستراتيجية والمسامة بالتالي في تحقيق الرؤية المنشودة، وتمتاز هذه الآليات بالإنسجام والتناغم، إذ يسهم كل منها في تحقيق الأهداف المختلفة بصورة مباشرة أو غير مباشرة ضمن الإطار الكلي.

كما حرص الفريق على أن تأتي هذه الرؤية متسقة مع الرؤى الأخرى من حيث الجوهر والنزعة المستقبلية وأن تكون هذه الرؤية إطارا مرجعياً ومنطلقاً خصباً لخطط العمل الإجرائية التي يتوخى أن تنبثق عنها. بغرض تطوير النظام الإداري التربوي في الوزارة بمشاركة مجتمعية واسعة وبدعم من الجهات والقطاعات المعنية داخلياً وخارجياً.

* مجموعة من الآليات المقترحة لتنفيذ الأهداف الاستراتيجية

أولا: أين نحن؟

استخدام طريقة (SWOT) لغايات التحليل والتخطيط الاستراتيجي لتطوير الإدارة التربوية في وزارة التربية والتعليم.

إن استخدام طريقة (SWOT) كمنهجية حديثة لغايات التحليل والتخطيط الاستراتيجي يمكن أن يسهم بفاعلية في إحداث نقلة نوعية في عمليات التخطيط لتطوير الإدارة التربوية في الوزارة (المركز) وفي الميدان التربوي، إضافة إلى المساهمة الإيجابية في حل المشكلات التربوية، وصنع القرار التربوي الرشيد، وتحقيق الاستثمار الأفضل للموارد البشرية والمالية المتاحة

بتوظيف التقنية المعاصرة، سعياً لتحقيق الرؤية الجديدة للنظام التربوي الأردني والمتمثلة بإعداد جيل قادر على المنافسة عربياً وعالمياً والتوجه قدماً نحو مجتمع الاقتصاد المعرفي.

البيئة الخارجية:

1. الفرص المتاحة (Opportunities):

يمكن إيضاح الفرص المتاحة والمخاطر أو التهديدات المتضمنة في البيئة الخارجية على النحو الآتي:

أ- الدعم المتواصل من قبل جلالة الملك عبد الله الثاني المعظم وقيادته الحكيمة، ورؤيته الثاقبة بخصوص انتقال الأردن نحو مجتمع الاقتصاد المعرفي، وحرصه على تحقيق هذه الرؤية بإصدار توجيهاته السامية للحكومة لتوفير التسهيلات المطلوبة لذلك ووسائل الدعم كافة، وتأكيده على الدور الفاعل للنظام التربوي في إعداد الكفاءات الأردنية المتميزة القادرة على المنافسة عربياً وعالمياً.

ب- الإدراك المجتمعي العام لأهمية التربية وأثرها على مختلف المجالات.

ت- الدعم الحكومي الواضح للمشاريع التربوية.

ث- سياسات الإصلاح الإداري التي تنتهجها الحكومة ضمن خطة وطنية للإصلاح الإداري تم الموافقة عليها والحصول على التمويل اللازم لها.

ج- الخطة الوطنية لتنفيذ مشروع الحكومة الالكترونية التي اعتمدتها الدولة، والتي تؤكد على دور وزارة التربية والتعليم كأحد أبرز المحاور الرئيسة للربط بين الأردنيين في المواقع كافة.

ح- تشكيل المجلس الاقتصادي الاستشاري الذي يعد قطاع التربية والتعليم أحد أبرز مجالات اهتمامه الرئيسة، بتركيزه على تنمية الموارد البشرية والتعليم المهني وفق منظومة شمولية.

خ- الجو الديمقراطي والمناخ العام السائد، الذي يدعو إلى التزام الشفافية وانتهاج المؤسسية ومحاربة الترهل والفساد بأشكاله كافة.

د- مساهمة الوزارة في بناء سيناريوهات الأردن 2020 وخاصة محور (تنمية الموارد البشرية).

ذ- التوجهات العامة التي تؤكد على أهمية وضرورة بناء الشراكات الفاعلة بين القطاعين العام والخاص، وتطلع القطاع الخاص واستعداده والتزامه بالعمل كشريك استراتيجي مع الحكومة لتحقيق الرؤية المستقبلية.

ر- دعم عدد من الجهات المانحة لخطط الوزارة ومشاريعها التربوية مثل: البنك الدولي، UNDP، DFID، CIDA، JICA... إلخ.

ز- الاهتمام الجاد بالرؤية المستقبلية للأردن من قبل العديد من الدول والمنظمات غير الحكومية والقطاع الخاص، والاستعداد لتقديم الدعم اللازم لإنجاحها.

2. المخاطر والتهديدات (Threats):

أ- قدم التشريعات التربوية (القوانين والأنظمة) المعمول بها والتي قد تحد من إمكانية بناء الشراكات مع الجهات المعنية، أو تعيق تفويض الصلاحيات أو تغيير السياسات، أو التكيف السريع مع المستجدات.

ب- ضعف الموارد المالية الحكومية وارتكاز سياسة الموازنة العامة في معظمها على تلبية الاحتياجات من النفقات الجارية، إضافة إلى استقرار

نسبة موازنة وزارة التربية والتعليم مقارنة بالموازنة العامة للدولة، بحدود (10%-11%) خلال السنوات العشر الماضية، على الرغم من أهمية توفير الموارد المالية الملائمة والمستدامة للخطط والبرامج والمشاريع التربوية.

ت- ضعف التنسيق بين جهود القطاعات والوزارات المختلفة، المسؤولة عن التنمية البشرية والاجتماعية بمفهومها الشمولي وبخاصة في مجال تبادل المعلومات فيما بينها، الأمر الذي يحول دون توجيهها نحو رؤية شمولية واضحة ومعلنة ومعروفة لدى جميع المعنيين، ودعمها من خلال التوجيهات والسياسات والاستراتيجيات الوطنية التطويرية.

ث- سيطرة رموز (منخفضة المستوى) على الثقافة السائدة في المجتمع: مثل: الواسطة والمحسوبية والشللية، وانتشارها على حساب الأسس والمعايير الموضوعية والعقلانية، الأمر الذي يضعف ثقة العاملين والمتعاملين مع القطاع الحكومي بالعمل المؤسسي.

ج- الافتقار إلى وجود سياسات عامة ثابتة لا تتغير بتغير الحكومات أو الوزراء بحيث يتم انتقال ملفات المشاريع المهمة بين الحكومات المتعاقبة ليتم البناء على ما تم إنجازه.

ح- التخوف من إمكانية تزايد الطلبة بشكل مفاجئ نتيجة الهجرات القسرية، أو تدني مستوى الثقة في الجهاز التربوي نتيجة عدم إحداثه نقلة نوعية في الممارسات التربوية داخل المدارس أو انخفاض المستوى الاقتصادي والاجتماعي للمعلم.

البيئة الداخلية:

نقاط القوة والضعف في الإدارة التربوية:

يمكن إيضاح أبرز نقاط القوة والضعف في الإدارة التربوية في الوزارة على النحو الآتي:

1. نقاط القوة (Strength):

أ- انتهاج الوزارة سلسلة من الخطط التطويرية المتعاقبة للإصلاح التربوي، استجابة للمستجدات والمتغيرات، مما أسهم في تطوير قطاع التعليم في الأردن، ببعديه الكمي والنوعي.

ب- دعم الإدارة العليا في الوزارة لخطط الإصلاح والتطوير التربوي، والتزامها بتنفيذها وتعميمها.

ت- تبني الوزارة رزمة من المشاريع التجديدية في مقدمتها برنامج تطوير الإدارة المدرسية، الذي طبق منذ عام 1995/1994، بهدف جعل المدرسة وحدة أساسية للتطوير التربوي والاجتماعي.

ث- المباشرة بتطبيق الإطار الاستراتيجي للتعلم الالكتروني الذي تم إعداده بمحاوره السبعة، والذي يتضمن الانتقال بوزارة التربية والتعليم لتصبح مجتمع تعلم، والمساهمة في تنفيذ مشروع الحكومة الالكترونية من خلال مشروع الربط بين الأردنيين.

ج- البدء بالإعداد للمشروع القطاعي التربوي/ المرحلة الثالثة.

ح- إعداد نظام رتب المعلمين وسيره في الإجراءات التشريعية.

خ- تطبيق البرنامج التنفيذي خطة التحول الاقتصادي والاجتماعي بمحاوره المختلفة، ومنها تنمية الموارد البشرية/ القطاع التربوي.

د- تنفيذ برامج التأهيل التربوي للإداريين ومديري المدارس، لمستوى: البكالوريوس، والدبلوم والماجستير.

ذ- تنفيذ دورات محو الأمية الحاسوبية وقيادة الحاسوب بالتعاون مع جهات عدة.

ر- تفويض بعض الصلاحيات الإدارية والمالية للميدان التربوي.

ز- وجود تشريعات تربوية تحكم غالبية تصرفات الوزارة وقراراتها.

س- وجود الكفاءات البشرية المتخصصة في مختلف المجالات.

ش- مساهمة الوزارة الفاعلة في الخلوتين الاقتصاديتين (الأولى والثانية).

ص- تطبيق مشروع تطوير الكفاءة المؤسسية ببرامجه الخمسة ومكوناتها، وتمديده لمدة عام (للتعميم) واستثمار البنية التحتية التي أسسها وأسهمت في إدارة التطوير النوعي للخدمات التربوية والتي شملت:

1. تطوير الإدارة التربوية بما تضمنه من: تطوير الاتصال الإداريين وتطبيق نظام الآيزو 9001، ووصف الوظائف ومراجعة الأداء.

2. تطوير فعاليات المتابعة والتقويم وسياسة التنمية المهنية للمعلمين.

3. تطوير الإدارة المدرسية وفعاليتها.

4. تعميم الفعاليات التجديدية للصفوف (1-3).

5. تنمية دور المرأة القيادي.

2. نقاط الضعف (Weakness):

أ. الافتقار لوجود رؤية تربوية مشتركة واضحة ومعلنة ومعروفة للجميع، ومرتكزة على الطالب باعتباره محور العملية التربوية.

ب. حاجة العديد من التشريعات التربوية للمراجعة والتحديث مما يسهل تطبيق التجديدات والمشاريع التربوية الجديدة ولا يعرقلها.

ج. الافتقار إلى العمل المؤسسي في الوزارة.

د. تشتت الجهود المبذولة من قبل الإدارات كافة لضعف التنسيق فيما بينها.

ه. التغييرات المتسارعة في الهيكل التنظيمي، وما نجم عنها من تضخم للهيكل وتغيير مستمر للقيادات.

و. ضعف التنسيق مع الجهات المعنية بالتدريب، وبخاصة المركز الوطني للتدريب في إطار شامل لتنمية الموارد البشرية.

ز. ضعف قنوات الاتصال الأفقي والعمودي الصاعد، وعدم وجود الاتصال التفاعلي.

ح. الحاجة الماسة إلى تطوير نظم معلوماتية متكاملة وحديثة ودقيقة، لاعتمادها في تشخيص المشكلات والتخطيط الاستراتيجي وصنع القرارات.

ط. ضعف التخطيط التشاركي ما بين الوزارة والمعنيين بالعملية التربوية من جهة، وما بين المركز والميدان من جهة أخرى.

ي. الحاجة الماسة إلى صيانة الأجهزة المتطورة كالحاسوب وتوابعه، والمحافظة عليها بصفة مستمرة، وحسن استثمارها وإعادة تأهيلها.

ك. عدم اعتماد الوصف الوظيفي الـذي تـم إعـداده للعـاملين في المركـز والميـدان في إطار مشروع تطوير الكفاءة المؤسسية.

ل. الافتقار لوجود معايير وأسس موضوعية واضحة ومعلقة ومعتمدة للترقية والنمو المهني، وخاصـة للقيـادات العليـا، والاعـتماد في الترقيـة عـلى المؤهـل وسـنوات الخدمة، بغض النظر عن الكفايات المرتبطة بالعمل والتميز والإتقان في أدائه.

م. الافتقار إلى وجود دراسات تتعلـق بتحليـل خطـوات العمـل وإجراءاتـه وتقديـر أعبائه وتكلفته.

ن. ضعف تمثيل القطاعات المختلفة (طلبة، معلمين، أصحاب عمل، مجتمع محـلي) في المجالس التربوية.

س. انخفاض نسبة مشاركة المرأة في صنع القرار التربوي.

ع. ضعف توظيف نتائج البحث العلمي والدراسات واعتمادها في صنع القرارات.

ف. تدني مسـتوى التـزام وزارة التربيـة والتعليـم بـالتعليمات والأنظمـة التـي تحكـم تصريف العمل.

ص. الافتقار إلى استثمار الموارد البشرية والمالية المتاحة وإدارتهـا وفـق أسـس علميـة متطورة تراعي التوظيف الفاعل للتقنية والتنمية المستدامة.

استثمار الفرص المتاحة والحد من المخاطر أو الصعوبات لتطوير الإدارة التربوية:

1. **مقترحات لاستخدام نقاط القوة للوصول إلى الفرص المتاحة:**

أ. استثمار نقاط القوة في البيئة الخارجية لـدعم البرامج والمشاريع التربويـة، والتي تشمل: رؤية القيادة الهاشمية، سياسات الحكومة وتوجهاتها، مشروع الحكومة الالكترونية، المناخ العام الداعم،... إلخ.

ب. استثمار فرصة تمديد مشروع تطوير الكفاءة المؤسسية، من أجل تعميم فعاليته وبرامجه كافة على مختلف مديريات الميدان، بـالتركيز على الإفادة مـن نجاحاتـه ومراعاة البعد النوعي في التـدريب والتعميم لرفع كفاءة الإدارات التربوية.

ج. استثمار الفرصة المتاحة للتطوير ضـمن المحـور المعنـي بالقيادة والإدارة في إستراتيجية التعلم الالكتروني بصورة فاعلـة فيما يتعلـق بـ: (القيـادة، نظم المعلومات ونظم دعـم القـرار، وتوجيـه السياسـات)، وبالإفـادة مـن الخبـراء المعنيين.

د. استثمار الإمكانـات المتاحـة في المشـروع القطـاعي، لتطـوير المكـون المعنـي بالسياسات والأهداف والاستراتيجيات والكفاءة المؤسسية والإدارية.

ه. العمل على تطوير نظام خاص لرتب الإداريين على غرار رتب المعلمين.

و. استثمار الفرص المتاحة في خطة التحول الاقتصادي والاجتماعي

ضمن مشروع إعادة هيكلة الصلاحيات والسلطات والتوسع في اللامركزية، وتطوير أداة وضع السياسات والتوسع ونظم دعم القرار (DSS).

ز. استثمار الفرص المتاحة ضمن خطة الإصلاح الإداري الوطنية لتطوير الإدارة التربوية في الوزارة.

ح. استثمار الشراكات التي تم بناؤها لتطوير الإدارة التربوية، بتنفيذ مشاريع محددة بالإفادة من التجارب العالمية.

ط. البناء على الخبرات المتراكمة والمساهمة الفاعلة للوزارة في الخلوة الاقتصادية الثالثة، للعمل على تطوير رؤية مستقبلية مشتركة للنظام التربوي، في ضوء الاقتصاد المعرفي، وبالتنسيق مع الجهات المعنية.

ي. تمكين الموارد البشرية في المؤسسة التربوية وإعادة تدريبها في ضوء متطلبات ثورة المعلوماتية والاتصالات والاقتصاد المعرفي.

2. مقترحات لاستخدام الفرص المتاحة للحد من نقاط الضعف:

أ. العمل على استثمار نقاط القوة في البيئة الخارجية للحد من المعوقات التي قد تعرقل مسيرة التطوير، والتنسيق بين الجهات ذات العلاقة كافة.

ب. العمل على إعادة بناء الإدارة والقيادة التربوية وإعادة تشكيلها.

ج. مراجعة التشريعات وتحديثها بما ينسجم مع التوجيهات الحديثة.

د. إعادة النظر في الهيكل التنظيمي للوزارة (المركز والميدان) وفق منهجية علمية موضوعية.

ه. تعميق التوجه نحو اللامركزية الإدارية، بأن تتحول مهمة المركز في

النهاية إلى التخطيط الاستراتيجي والتقويم النهائي، وتفويض بقية الصلاحيات إلى الميدان التربوي وصولاً إلى المدرسة.

و. إنتاج مفهوم الجودة كمسؤولية مشتركة فكراً وتطبيقاً في أنحاء الوزارة.

ز. التخطيط التكاملي لبرامج النمو المهني المستدام للعاملين في الإدارة التربوية، والمدرسية، باعتماد إعادة التدريب وفق المستجدات والتقنيات الحديثة.

ح. انتهاج منحى متكامل لتنمية الموارد البشرية العاملة في الإدارة التربوية والمدرسية، يشمل:

1. تطوير معايير وأسس موضوعية واعتمادها للترقية الوظيفية.

2. تطوير ميثاق أخلاقي للعاملين في الوزارة.

3. مواصلة مشروع وصف وظائف المركز والميدان المبني على المهارات واعتماده.

4. تطوير نظام متكامل للمساءلة التربوية.

ط. انتهاج سياسة الباب المفتوح، وتطبيق منهجية الإدارة بالتجوال.

ي. اعتماد التشاركية في صناعة القرار التربوي، وإعادة تشكيل المجالس واللجان التربوية باعتماد المشاركة المجتمعية وعلى المستويات كافة.

ك. توظيف تكنولوجيا المعلومات والاتصالات بفاعلية، وإنشاء أنظمة متكاملة للمعلومات الإدارية ولدعم القرارات التربوية، وتدريب العاملين على استخدامها بكفاءة.

3. مقترحات لاستخدام نقاط القوة لتجنب المخاطر المتوقعة:

أ. محاولة استثمار مصادر التمويل المتاحة كافة، وتقديم مشاريع ابتكارية لتطوير الإدارة التربوية بالإفادة من الخبرات العالمية.

ب. استثمار الإمكانات المتاحة كافة لتوفير الأجهزة التقنية (الحواسيب وتوابعها) من خلال الجهات المانحة والبرامج المختلفة.

ج. البناء على ما تم إنجازه من رفع كفاءة الموارد البشرية من خلال المشاريع السابقة، وخاصة تطوير الكفاءة المؤسسية، والتوجه نحو تعميق البعد النوعي.

د. التطبيق الفاعل لمشروع رتب المعلمين، وإعداد مشروع لرتب الإداريين على غراره.

هـ. استثمار فرص تطبيق التوجهات والبرامج الجديدة لمراجعة التشريعات التربوية بما ينسجم معها.

4. مقترحات للحد من نقاط الضعف وتجنب المخاطر المتوقعة:

أ. البحث عن مصادر تمويلية جديدة وإبداعية، والحد من الهدر التربوي واستثمار الأبنية المدرسية ومرافقها وبرامجها لزيادة إنتاجيتها.

ب. مواصلة إعادة تأهيل الأجهزة الموجودة واستثمارها بالشكل الأفضل لمصلحة المؤسسة التربوية ومجتمعها المحلي.

ج. مواصلة برامج التنمية المهنية المستدامة للعاملين.

د. مواصلة تدريب العاملين على توظيف تقنيات المعلومات والاتصالات بفاعلية.

٥. تعديل التشريعات بما يتيح التوجه نحو: اللامركزية وتفويض الصلاحيات وبناء الشراكات والمشاركة المجتمعية واستثمار الأبنية المدرسية ومرافقها.

تحليل الهيكل التنظيمي لوزارة التربية والتعليم:

من خلال دراسة الهيكل التنظيمي للوزارة، يتبين بأن هناك مجموعة من نقاط القوة والضعف يمكن توضيحها على النحو الآتي:

1. المستويات الإدارية المنظمة:

يتضمن الهيكل التنظيمي عدداً من المستويات الإدارية يمكن وصفها على النحو الآتي:

أ. المستوى الأول: الوزير.

ب. المستوى الثاني: الأمين العام للشؤون الإدارية والمالية والأمين العام للشؤون التعليمية والفنية.

ج. المستوى الثالث: مديرو الإدارات البالغ عددها (15) إدارة في مركز الوزارة.

د. المستوى الرابع: مديرو المديريات، حيث نجد أن المديريات بهذا المستوى هي ثلاثة أنواع:

1. المديريات المتفرعة عن الإدارات في مركز الوزارة.

2. مديريات التربية والتعليم في المحافظات والألوية.

3. المديريات التي ترتبط بمديري التربية والتعليم في المحافظات والألوية والمناطق وهي: مديرية الشؤون الإدارية والمالية ومديرية الشؤون

التعليميـة والفنيـة في مـديريات التربيـة والتعليم في المحافظـات والألويـة والمناطق

ه. المستوى الخـامس: الأقسـام المتفرعـة عـن المـديريات في مركـز الـوزارة عـن مديريات الشؤون الإدارية والمالية ومديريات الشؤون التعليميـة والفنيـة في مديريات التربية والتعليم في المحافظات والألوية والمناطق.

و. المستوى السادس:الشعب المتفرعة عن الأقسام في بعض الأحيان.

ز. المستوى السابع: الموظفون التنفيذيون الذين لا يشغلون مراكز إشرافية.

ويلاحظ على المستويات الإدارية التي يتكون منها الهيكل التنظيمي الأمور الآتية:

1. تعدد المستويات الإدارية الذي يؤدي إلى طول الحلقات بين المـوظفين التنفيـذين الذين يؤدون الأعمال الروتينية المتكررة وبين متخذي القرار، مما يساهم في طول فترة إنجاز المعاملات وكثرة محطات انتقال المعـاملات بـين المسـتويات المختلفـة، وضعف إمكانية اللقاء المباشر الذي تحتاجه طبيعة الأعمال أحيانـاً كثيـرة، وربمـا التباعد المكاني بين الموظفين.

2. عدم وضوح مستوى مديري مديريات التربيـة والتعليم في المحافظـات والألويـة، وهـل هـو بمسـتوى الإدارات في المركـز؟ أم بمسـتوى المـديريات المتفرعـة عـن الإدارات؟ وكـذلك الحـال بالنسـبة لمـديري الشـؤون الإداريـة والماليـة ومـديري الشؤون التعليمية والفنية في المحافظات والألوية.

2. نطاق الإشراف:

أ. يبلغ نطاق إشراف الأمين العام للشؤون التعليمية والفنية في الإشراف والمتابعة ثمانية مديري إدارات ومدير مكتب، إضافة إلى مديري مديريات التربية والتعليم في المحافظات والألوية، وكذلك الحال بالنسبة للأمين العام للشؤون الإدارية والمالية، ويعد ذلك نطاق إشراف واسع يحتاج إلى أوقات طويلة من قبل الأمين العام.

ب. هناك نطاق إشراف ضيق لدى مديري الإدارات في مركز الوزارة حيث يتراوح نطاق الإشراف بين مديريتين وثلاث مديريات وقد يصل في بعض الأحيان إلى أربع مديريات كما هو الحال في إدارة تكنولوجيا التعليم والمعلومات.

ج. هناك أمر يشير إلى وجود خلل إداري في نطاق الإشراف في إدارة العلاقات الثقافية والدولية حيث يرتبط بمديري هذه الإدارة مدير واحد يتبعه ثلاثة أقسام ويشير ذلك إلى وجود مستوى زائد عن الحاجة يمكن الاستغناء عنه، وبكلمات أخرى فإن وحدة العلاقات الثقافية والدولية يمكن أن تكون بمستوى مديرية فقط، وكذلك الحال في إدارة الشؤون القانونية وترتبط به ثلاثة أقسام.

د. أما عن نطاق إشراف مديري المديريات فهو متفاوت جداً، ويتراوح بين سبعة أقسام كما هو الحال في مديري الشؤون التعليمية والفنية في مديريات التربية والتعليم في المحافظات والألوية، وبين قسمين كما هو الحال في مديري الإعلام والعلاقات العامة ومديرية شؤون الطلبة التابعة لإدارة التعليم العام وشؤون الطلبة، وفي أغلب الأحيان فإن نطاق إشراف مديري المديريات هو بين ثلاثة أقسام وأربعة أقسام.

ويشير ذلك إلى نطاق إشراف واسع لدى الأمين العام ثم نطاق إشراف ضيق (قليل) لدى مديري الإدارات ثم نطاق إشراف متوسط لدى مديري المديريات في مركز الوزارة، بينما نجد بأن نطاق الإشراف واسع لدى المديرين في مديريات التربية في المحافظات والألوية، هذا مع العلم أن طبيعة الأعمال تشير إلى ضرورة أن يتسع نطاق الإشراف كلما نزل المستوى الإداري إلى أدنى، لأن مهام التخطيط والمتابعة والإشراف والتمثيل تكون كبيرة وواضحة لدى المستويات الإدارية العليا وتأخذ قسطاً كبيراً من أوقات العمل الرسمي لديهم، بينما هي أقل لدى المستويات التنفيذية.

كما قد يشير ذلك إلى أن عملية بناء الهيكل التنظيمي قد تمت من أعلى إلى أسفل، حيث قام معدو هذا الهيكل التنظيمي بتحديد عدد ومسميات الإدارات، ثم جرى تعريفها إلى مديريات ثم إلى أقسام مع أن الأسلوب العلمي الصحيح في إعداد وتصميم الهياكل التنظيمية ينطلق من أسفل إلى أعلى، حيث يتم تحديد الوحدات الإدارية في المستويات الإدارية الدنيا التي يضم كل منها عدداً من الوظائف، وفقاً لتحليل الأهداف العامة، إلى أهداف فرعية، ثم إلى نشاطات ثم إلى وظائف ثم يصار إلى تجميعها في وحدات أكبر وهكذا إلى أن يصل الأمر إلى رأس الهرم.

3. لم يميز الهيكل التنظيمي والنظام التنظيمي الإداري بين مديريات التربية والتعليم في المحافظات والألوية من حيث حجم الإعمال والنشاطات التي تمارسها، بل اعتبرها جميعاً بمستوى مديريات ويلاحظ أن بعض هذه المديريات تفوق في حجم أعمالها وأهميتها كثيراً من الإدارات المتواجدة في مركز الوزارة، كما أنها ليس جميعاً بمستوى واحد من حيث حجم الأعمال وتعدد النشاطات، ونعتقد أن هناك ضرورة للتمييز بين المستوى التنظيمي لمديريات التربية والتعليم في المحافظات طبقاً لحجم

وأهمية أعمالها.

4. يتضمن الهيكل التنظيمي ست عشرة إدارة، منها ثمانية مرتبطة بـالأمين العـام لشؤون الإدارية والمالية، جميع هذه الإدارات في مركز الوزارة، ويرتبط بكل مدير إدارة عدد من المديرين الذين يوازون في مسماهم الـوظيفي مديري مديريات التربية والتعليم في المحافظات والمناطق.

أي أن مركز الـوزارة يحظى بـ (16) إدارة، يتبع لها جميعها مـا لا يقل عـن (35) مديرية، ويتفرع منها عدد كبير من الأقسام.

والسؤال المطروح هو: ما مدى تناسب هذا الأمر مع حجم العمـل وأهميتـه وضرورة اعتماد منهج اللامركزية وتفويض الصلاحيات؟

5. لا يتضـمن الهيكـل التنظيمـي مـا يميـز بـين الوحـدات التنفيذيـة والوحـدات الاستشارية المرتبطة بالوزير، فهناك وحدتان استشاريتان همـا: لجنـة التخطيط، ومجلس التربية والتعليم. لم نجد ما يشير إلى طبيعة أعمالهما الاستشارية التي تختلف عن طبيعة عمـل وحـدات الرقابـة والتفتـيش وتوكيد الجودة ومكتـب الوزير...إلخ.

6. يشير الهيكل التنظيمـي إلى أن ارتبـاط مـديري التربيـة والتعليم في المحافظات والألوية يكون مع الأمين العـام للشؤون الإداريـة والماليـة، عندما يتعلق الأمـر بالشؤون الإدارية والمالية، وبالأمين العام للشؤون التعليمية والفنية عندما يتعلق الأمر بالشؤون التعليمية والفنية.

وحقيقة الأمر أن هذا التمييز يكون سهلاً مـن الناحيـة النظريـة، أمـا مـن ناحيـة العملية فإننا نعتقد بأن هذا الأمر يشوبه الغموض حيث من الصعب التمييز في كثير مـن المعاملات والقضايا بين الأمور التعليمية الفنية الإدارية المالية، فكل أمـر تعليمـي أو فني قد يترتب عليه جانب إداري وآخر مالي.

وكان يمكن استبدال هذا التصنيف بالاعتماد الارتباط الفني بين الأمين العام للشؤون التعليمية والفنية ومديري الشؤون التعليمية والفنية في مديريات التربية والتعليم في المحافظات والألوية. وبين الأمين العام للشؤون الإدارية والمالية ومديري الشؤون الإدارية والمالية في مديريات التربية والتعليم في المحافظات والألوية.

ومما يدعم هذا التوجه الذي ننادي به أن هناك توافقاً بين طبيعة عمل ومسميات الأقسام التي ترتبط بمديري الشؤون التعليمية والفنية في مديريات التربية والتعليم في المحافظات والألوية، وبين طبيعة عمل ومسميات الإدارة التي تتبع الأمين العام للشؤون التعليمية والفنية.

وكذلك الحال بين الأمين العام للشؤون الإدارية والمالية والإدارات التي تتبع له، وبين طبيعة عمل ومسميات الأقسام التي تتفرع عن مديريات الشؤون الإدارية والمالية في مديريات التربية والتعليم في المحافظات والألوية.

7. يعكس الهيكل التنظيمي - وبشكل جيد ذو مستوى إداري عالي المستوى - بعض النشاطات والأعمال التي تندرج ضمن التوجهات الحديثة للتربية والتعليم، مثل:

أ. تخصيص إدارة لتكنولوجيا التعليم والمعلومات تضم أربع مديريات: الحوسبة والتعليم، ومركز الحاسب الإلكتروني، وتقنيات التعليم، ومركز الأجهزة المخبرية.

ب. تخصيص إدارة للبحث والتطوير التربوي، تضم مديريتين، إحداهما للبحث والتطوير التربوي، والأخرى للمطبوعات التربوية.

ج. تخصيص إدارة للعلاقات الثقافية والدولية، تضم مديرية واحدة، يتفرع منها ثلاثة أقسام: البعثات، والعلاقات الثقافية، والمنظمات

الدولية.

د. تخصيص إدارة للنشاطات التربوية، وترتبط بها ثلاث مديريات: الرياضة المدرسية، والنشاطات، والكشافة والمرشدات.

8. تشير المادة (15) في الفصل الرابع مـن قانون التربيـة والتعليم رقم (3) لسـنة 1994، إلى أنه تنشأ في كل محافظة ولواء مديرية لتربية ولتعليـم، بينـما ورد في المـادة (2) مـن نظـام التنظيم الإداري أن مـديريات التربيـة والتعليـم تكـون في المحافظات والألوية أو المناطق الجغرافية التي يحددها الوزير ويعد ذلك إضافة تضمنها نظام التنظيم الإداري لم يرد عليها نص في قانون التربية والتعليم.

ثانياً: أين نريد أن نصل؟

لاستشراف أين نريـد أن نصـل بنظامنـا الإداري التربوي؟ حاولنا وضع الموجهات الآتية:

الرؤية:

يمكن تلخيص الرؤيـة المسـتقبلية المنشـودة للنظـام التربـوي بأنـه: نظـام تربـوي دينـامكيي متطـور، قـادر عـلى مواكبـة المسـتجدات وتوظيـف تكنولوجيا المعلومـات والاتصالات، يؤمن بالتغيير والإبداع والتميز، ويرسخ رسالة التعليم ومهنيته ويعمل بـروح الفريق نضمن تخطيط استراتيجي موجه نحو اقتصاد المعرفة.

الرسالة:

يمكن إيضاح الرسالة المتجددة للنظام التربوي في إطار تطوير الإدارة والتنظيم عـلى النحو الآتي:

تطوير الكفاءة المؤسسية القادرة على إدارة النظام التربوي بكفاءة، وتوفير الظروف والحوافز التي تساعد على توجيه الجهود والإمكانات لتحقيق الأهداف المنشودة بفاعلية، من خلال استخدام الأساليب والوسائل الإدارية الحديثة، والتنسيق الفعال بين مكونات النظام التربوي والمجتمع والتفاعل مع القضايا والتوجهات الإقليمية والعالمية.

سمات الإدارة التربوية المستقبلية المنشودة:

لقد تم التعامل مع هذا المحور باعتباره منظومة شاملة متكاملة، في ضوء مستجدات عصر العولمة والمعلوماتية، وبما ينسجم مع متطلبات عالمية المعرفة والاقتصاد المعرفي وذلك انطلاقاً من سمات عدة ينبغي أن تميز الإدارة التربوية المستقبلية المنشودة في ضوء الرؤية الجديدة للنظام التربوي، وتصفها بأنها:

1. إدارة إستراتيجية:

تسعى للمساهمة في تشكيل المستقبل وليس مجرد التنبؤ به، فهي عملية مستمرة تهدف إلى المحافظة على المؤسسة التربوية، وتضمن لها القدرة على التكيف مع المتغيرات التي تطرأ في بيئتها والتعامل معها وإدارتها بكفاءة وفاعلية.

2. إدارة معلوماتية:

تسعى لرفع كفاءة العملية الإدارية في التعامل مع المعلومات بصورة شاملة متكاملة، من خلال نظم للمعلومات الإدارية، تتيح للإدارة المؤسسة التربوية الإطلاع على أحدث التطورات في مجال عملها سواء داخلها أم خارجها.

3. إدارة ديناميكية:

لا تتمسك بالتقاليد والمبادئ التنظيمية التقليدية، وتعمل بمرونة وفي جو من الحرية والحركة كما لديها القدرة على استيعاب التكنولوجيا الحديثة وقبولها واستخدامها بصورة سليمة وتطويعها لمصلحة العملية التربوية.

4. إدارة الأزمات بفعالية:

فالمواقف الطارئة التي تتسم بقدر من الغموض والحاجة إلى اتخاذ قرارات سريعة، تعد أمراً عادياً في ظل تسارع التغيير والمواقف المتجددة باستمرار مما يتطلب قدرة على: إدراك الضغوط وتحديد مصادرها وتحليل أسبابها، وابتكار أساليب متطورة للتعامل معها.

5. إدارة التغيير المخطط:

أي أنها لا تنتظر حدوث التغيير ولكنها تخطط له، وتعمل على إحداثه وضمان نجاحه ودفعه في الاتجاه المرغوب كما تسعى إلى وضع التصور المستقبلي للمؤسسة التربوية، وتحديد الأهداف واستكشاف الفرص واستثمارها.

6. إدارة العلاقات الإنسانية:

التي تعمل على التأثير في سلوكيات العاملين في المؤسسة التربوية ودفعهم للانجاز والتميز من خلال الإقناع والتحفيز وليس بالإجبار والتسلط، فالبشر هم أهم الموارد في المؤسسة، لذا فإن الإدارة تحتاج إلى مهارات خاصة لكي تحسن التعامل معهم، وتحس بمشاعرهم وتؤثر في سلوكهم.

7. إدارة توجهها حاجات الجمهور المستهدف:

فهي تعمل على تلبية حاجات الفئات المستهدفة وإرضائها من طلبة وأولياء

أمور ومجتمع محلـي وذلك مـن خـلال منحـى علمـي متكامـل يحـرص عـلى تعـرف الاحتياجات وتنظيم البرامج المناسبة لتلبيتها.

8. إدارة الموارد البشرية:

فهي تركز عـلى التخطيـط لتنميـة المـوارد البشريـة بصـورة تكامليـة تعنـى بالواجب والأبعاد كافة وبما يحقق مصلحة الفرد والمؤسسة معاً.

9. إدارة التدريب وإعادة التدريب:

وذلك انطلاقاً من أن الإنسان الفعال في عالم الغد هو الإنسان متعدد المهارات متنـوع الكفايات، الـذي يخضـع لعمليـات التـدريب وعـادة التـدريب باسـتمرار لمواكبـة المستجدات والتقنيات في مجال عمله، وفي المجالات ذات العلاقة وخاصة المعلوماتيـة واقتصاديات المعرفة.

10. إدارة الجودة الشاملة:

أي أن الإدارة التي تركز على تحقيق الجودة والنوعية في عملياتها ومخرجاتها وتحرص على تقديم الأفضل والأجود لجمهورهـا المسـتهدف وفي مقدمتـه الطالـب رأس الهـرم التعليمي وغاية النظام التربوي.

11. إدارة الابتكار والتجديد والبحث والتطوير:

أي الإدارة التي تركز على توظيف منظومة البحث والتطوير في عملها لغايات الارتقاء به ورفع سويته، كما تؤكد على الإبـداع والتجديـد وتوليـد حلـول ابتكاريـة باسـتمرار بهدف الوصول إلى درجات عليا من الأداء والإتقان والتميز.

12. إدارة المشاركة وفرق العمل:

أي القدرة على تكوين فرق العمل وإدارتها والتعامل الصحي السليم

معهـا، والتزام المرونة في التوجيه والقيادة بما يتناسب مع تكوين كل جماعة وطبيعـة عملها.

الأهداف الإستراتيجية:

يمكن إبراز منظومة الأهداف الإستراتيجية المتوخاة على النحو الآتي:

1. تعزيز مبدأ المشاركة والشفافية والمساءلة ومراعاة حاجات الجمهور.

2. تعزيز التوجه نحو اللامركزية.

3. الاستثمار الأمثل للموارد البشرية المتاحة.

4. تطوير الأداء المؤسسي والفردي.

5. بناء نظام معلومات إداري متكامل.

ثالثاً: كيف يمكن أن نصل؟

يمكن إيضاح مبررات الأهداف الإستراتيجية الخمسة والآليات المقترحة لتحقيق كـل منها، وذلك وفق إطار تكاملي على النحو الآتي:

الهدف الاستراتيجي الأول:

تعزيز مبدأ المشاركة والشفافية والمساءلة ومراعاة حاجات الجمهور.

1. **المبررات:**

أ. يتوقـف نجـاح وزارة التربيـة والتعليـم في المسـاهمة الفعليـة والكليـة في التنميـة الاقتصادية والاجتماعية على وصول جميع المعنيين في العمليـة التربويـة إلى فهـم وبناء مشترك للرؤية المستقبلية ولرسالة وزارة التربية والتعليم

والدور المتوقع منها في المرحلة المقبلة.

ب. إن توجيه النظـام الإداري التربـوي نحـو تحقيـق متطلبـات الرؤيـة ومواجهـة التحديات سوف يستلزم قدراً هائلاً مـن المـوارد البشريـة والماليـة، لا تقـوى وزارة التربية والتعليم وحدها عـلى تلبيته، الأمر الـذي يستدعي إيجاد استراتيجيات جديدة لبناء الشراكة وتطوير الكفاءة المؤسسية، بمـا يحقق الأهداف المرسومة، وإعادة النظـر في السياسات بالاستناد إلى نتائج البحـوث والدراسات والتحليلات موقف الرأي العام ووضع الخطط الوظيفية، عن طريق الحوار وتوافق الآراء بـين جميع الأطراف المعنية في التعليم وتعزيز شعورهم بالمسؤولية في هذا المجال.

ج. إن دور وزارة التربيـة والتعليـم في التخطيـط وتوجيـه السياسـات والجهـود نحو تحقيق الوطنية والجهود نحو تحقيق الأهداف الوطنية وتحقيق تكافؤ الفرص بين المحافظات وإزالة الفجوات في التسهيلات والبنية التحتية ونوعية التعليم المقدم، يستلزم الاعتماد على الأسس الموضوعية ووضع إطار مرجعي مـن المعايير والمواصفات والخطط التي يمكن قياس أداء الوزارة على أساسه. وتطوير نظام مـن المساءلة والتغذية الراجعة بهدف التحسـين المسـتمر والمتعاقـب، بحيـث تحصل الوزارة على ثقة المواطن والقطاعات الداعمة والمعنية كافة.

د. تعـد وزارة التربيـة والتعليـم مسـؤولة بشـكل مبـاشر عـن ثلـث سـكان المملكـة ومسؤولة بشكل غير مباشر عن باقي السكان وبالتالي فإن تلبية احتياجات الفئات المستهدفة من طلبة وسوق عمل ومجتمع محلي وإقليمي يؤكد أهميـة تأهيل الإدارة بـأن تكـون إدارة إسـتراتيجية تسـعى للمسـاهمة في تشـكيل المسـتقبل، وتضمن القدرة على التكيف مع

المتغيرات التي تطرأ على البيئة الخارجية والداخلية بفاعلية وأن تكون إدارة موجهة لتلبية احتياجات الفئات المستهدفة ضمن نظم إدارة الجودة الشاملة وغيرها من الأنظمة الإدارية المعتمدة.

2. الآليات:

أ. تطوير رؤية مشتركة لمستقبل التربية والتعليم في الأردن في ضوء الرؤية المستقبلية لجلالة الملك عبد الله الثاني بأن يتم الانتقال بالاقتصاد الأردني إلى اقتصاد المعرفة، وتوصيات المجلس الاقتصادي الاستشاري المتعلقة بتنمية الموارد البشرية ودور قطاع التربية والتعليم في تحقيق ذلك، لا بد لوزارة التربية والتعليم من تطوير رؤية مستقبلية ورسالة مشتركة للتربية من خلال:

1. عقد سلسلة من جلسات العصف الذهني والاستشارات مع جميع المتأثرين بشكل مباشر بالتغييرات في النظام التربويين بحيث تقوم كل إدارة في الوزارة بالإشراف على هذه الجلسات حسب التخصصات، ومن ثم تشكيل لجنة لتحليل نتائج هذه الجلسات والتوفيق بين الآراء.

2. عقد الملتقى التربوي حول الرؤية المستقبلية بمشاركة المعنيين، ودعوة خبراء دوليين في تكييف استجابة النظام التربوي بمدخلاته كافة لمتطلبات تحقيق اقتصاد المعرفة.

3. تشكيل وحدة فريق غني داخل الوزارة للإشراف على متابعة توصيات الملتقى من صياغة إستراتيجية وطنية للتربية ووضع خطة إعلامية للتعريف بها، والحصول على الدعم اللازم لها قبل إقرارها بشكل رسمي.

ب. الارتقاء بوزارة التربية والتعليم لتصبح مجتمع تعلم لا يمكن الإبقاء على الهيكل التنظيمي الهرمي الحالي لوزارة التربية والتعليم إذا أردنا لها الاستجابة بفاعلية لمتطلبات التغير السريع والرؤية الجديدة للتربية، وسيعتمد النجاح على قدرة الوزارة على صنع القرار وتنفيذه، وبالتالي عليها أن تطور قدرتها على إدارة المعرفة وتعزز باستمرار كفاءتها للأداء الفعال، وتعمل على الانتقال لتصبح منظمة تعلم تتصف بما يأتي:

1. وزارة موجهة نحو تحقيق رؤيتها ورسالتها المستقبلية بحيث يتم تطوير التنظيم الإداري لتحقيق هذه الرسالة في إطار سياسة شاملة للتنمية المهنية للعاملين حيث يتم استثمار قدراتهم لأقصى حد ممكن، ويتم إشراكهم في عملية التطوير على المستوى الاستراتيجي والإجرائي.

2. تطوير ثقافة تنظيمية تتميز بالتجريب والجرأة في اتخاذ القرار والتعلم المستمر والسعي نحو الإبداع والتجديد والمعرفة التامة بالعمل ومتطلباته وبناء علاقة حساسة مع البيئة الخارجية بحيث تتمكن الوزارة من النمو في بيئة متغيرة بالاعتماد على المبادئ الآتية:

أ. تمكين العاملين.

ب. توسيع قاعدة المشاركة في اتخاذ القرارات.

ج. العمل بروح الفريق.

د. القدرة على إدارة التغيير.

هـ. تفويض الصلاحيات.

و. بناء نظام معلومات متكامل.

ج. إدارة الجودة الشاملة:

لا بد من اعتماد التطوير الإداري التربوي على خلفية عملية واضحة وأرضية صلبة من الخبرة العملية، فاعتماد نظام لإدارة الجودة هو قرار استراتيجي ينطلق بالتنظيم الإداري لوزارة التربية والتعليم من تحديد المرجعية التشريعية، وإقامة هيكلها التنظيمي الذي يربط تقسيماتها المختلفة، ويحدد الأهداف التي يتوجب عليها تحقيقها، والنشاطات التي يترتب عليها تنفيذها في مراكز عملها المختلفة، لضمان جودة العمليات الإدارية، بحيث تتكامل مع المواصفات الفنية للخدمات وتوجه نحو السعي لخدمة وإرضاء الجهة المستفيدة (الزبون) من خلال تحديد احتياجاتها ومتطلباتها وتحدي العمليات التي تؤدي إلى إعداد وتقديم الخدمة وضبطها بالطرق المناسبة ومراقبتها وتحسينها عن طريق:

1. إعداد سياسة إدارية متكاملة مبنية على خطة الوزارة لإرضاء المستفيدين من الخدمة (الطالب، المواطن، الآباء، القطاع العام، القطاع الخاص).

2. بناء نظام إداري قادر على تحقيق الأهداف، ويتطلب ذلك: مرجعة القوانين والتشريعات وتطويرها، والالتزام بأسس تكافؤ الفرص وتبسيط الإجراءات وتفويض الصلاحيات.

3. تحديد العمليات والإجراءات الضرورية لتحقيق الأهداف.

4. إعداد طرق قياس فاعلة وقدرة كل عملية على تحقيق الأهداف.

إدارة الجودة الشاملة تستهدف التوصل إلى أداء نوعي، بحيث يتم تفادي الهدر في عنصري الوقت والجهد والمواءمة بين متطلبات المستفيدين من خارج الوزارة واحتياجاتهم من جهة والعاملين فيها من جهة أخرى، للحصول على

مستوى رفيع من الأداء في ضوء المبادئ الآتية:

أ. الاتفاق على المتطلبات الواجب توافرها في الخدمة المقدمة لتلبية احتياجات المستفيد من المرة الأولى وفي كل مرة.

ب. التقليل من الفاقد والتكاليف الإجمالية.

ج. منع المشكلات بدلا من التكيف معها والسعي لحلها.

د. تبني الإدارة الإستراتيجية لتحسين نوعية الخدمات.

ه. أن يكون لكل وظيفة قيمة مضافة.

و. إشراك كل فرد - على جميع المستويات - في عملية إعداد الخطط وتنفيذها.

ز. التركيز على القياس للمساعدة في التنظيم والوفاء بالمتطلبات.

ح. أن يسود الوزارة ثقافة تدعو للتحسين المستمر.

ط. التركيز على نشر الإبداع.

د. تطوير نظام للرقابة والمساءلة:

تحتاج وزارة التربية والتعليم إلى تطوير أداة لقياس مدى التقدم في تحقيق الأهداف وتوجيه القرار لتحسين كفاءة وفاعلية التطبيق لجميع المبادرات التربوية، والارتقاء بمستوى الخدمات التربوية والإدارية والمالية المقدمة الأمر الذي يستدعي تطوير نظام للرقابة والمساءلة بالاعتماد على دراسة وتحليل أفضل التطبيقات العمالية، بحيث يتم تطوير النظام بهدف إجراء مراجعة دورية على أداء الوحدات الإدارية في مركز الوزارة والمديريات ضمن أسس ومعايير موضوعية ومعروفة ومعلنة، تستهدف اكتشاف الخلل ومعالجته والتحسين

المستمر لمستوى الأداء الفردي والمؤسسي، بحث يتم:

1. قياس لماذا وكيف تقدم الخدمات؟
2. تشجيع مبدأ التنافس بين الوحدات الإدارية لتشجيع التميز في الأداء.
3. استطلاع موقف الرأي العام على مستوى الخدمات المقدمة.
4. تطوير نظام لمتابعة الخلل الذي يتم اكتشافه ومعالجته، وذلك بهدف ضبط الجودة وتحسين الأداء، وإعلام المجتمع بأداء الوزارة وفقاً لنتائج مدارسها والمعلمين العاملين بها، والمبادرات التجديدية التي تتبناها في ضوء المبادئ الآتية:
5. مشاركة العاملين والمستفيدين من الخدمة في عملية التحسين والتطوير.
6. إيجاد نظام يتجاوب مع الشكاوى لمقدمة.
7. وضع معايير للأداء بالاعتماد على رؤية والأهداف الإستراتيجية.
8. قياس الأداء في ضوء الأهداف والموارد المتاحة.
9. إيجاد نظام معلومات مفتوح لاستخدام جميع المستفيدين بحيث يتم الحصول على المعلومات بسهولة ويسر وشفافية.
10. تقييم الانتاجات والاحتفال بالنجاح، واتخاذ الإجراءات اللازمة لضمان أفضل جودة.

ه. توجيه الثقافة المؤسسية نحو تحقيق الرؤية والرسالة

على وزارة التربية والتعليم إعادة النظر في الثقافة المؤسسية السائدة،

وإجراء دراسة تحليلية لواقع الثقافة من النواحي الآتية: الاستراتيجيات، وجهاز العاملين والأسلوب الإداري المتبع، والقيم والأهداف المشتركة، والاتجاهات السائدة نحو التغيير والعمل لتحقيق الأهداف بحيث يتم:

1. تطوير ميثاق أخلاقي يلتزم به العاملون في وزارة التربية والتعليم، بحيث ينظم الشؤون المتعلقة بأخلاقيات العمل وقدسيته.
2. وضع إطار لسياسة إعلامية تربوية جديدة.
3. تعزيز دور العلاقات العامة في توضيح رسالة التربية، والتوصل إلى فهم مشترك للرؤية ولمستقبل التربية بحيث يتم إطلاع المعنيين في العملية التربوية على ما يجري من مشاريع وخطط تعزيزاً لمبدأ التربية مسؤولية وطنية مشتركة.

<u>الهدف الاستراتيجي الثاني:</u>

تطوير الأداء المؤسسي والفردي:

لما كانت وزارة التربية والتعليم هي المسؤولة بشكل رئيس عن تنفيذ السياسات التربوية التي تنتجها الدولة لتحقيق هدف معين، أو صياغة أو إعادة صياغة المواطن على نمط معين تقتضيه الظروف والمستجدات على الساحتين المحلية والدولية، باعتبارها المعنية برعاية وتنشئة ما يقارب ثلث سكان المملكة - قرابة المليون ونصف المليون طالب وطالبة - فإنه يتحتم عليها العمل على إعادة منهجيتها وتطوير إجراءاتها وفعاليتها لتحقيق تلك السياسة، ومن بين الفعاليات الأساسية في هذا المجال تطوير أدائها المؤسسي والفردي.

المبررات:

لا بد من مبرر يقوم عليه الإقدام عل عمل ما، ومن أهم المبررات التي يستند إليها تطوير الأداء مؤسسياً وفردياً هي:

أ. تحقيق الأهداف التي وجدت من أجلها المؤسسة.

ب. تحسين معدلات استثمار الموارد المادية والبشرية.

ج. تقليص مصادر الهدر والضياع في الإمكانات المتاحة.

د. إذكاء الانتماء للمؤسسة وتحقق الرضى في نفوس العاملين فيها.

الآليات:

يعتمد تطوير الأداء المؤسسي على جملة من الوسائل التي يمكن من خلالها إجراء التحديث والتطوير منها:

أ. بلورة الأهداف وتحديدها بشكل يقبل القياس.

ب. تحديث التشريعات التي تعمل تحت مظلتها المؤسسة أو الإدارة.

ج. بناء هيكل تنظيمي مرن يسمح بالاتصال الأفقي والعمودي.

د. تفعيل اللامركزية في الصلاحية واتخاذ القرار.

ه. تصميم معايير ومؤشرات موضوعية تفصح عن أداء الإدارة بموضوعية.

و. تطوير القدرة المؤسسية للإدارة، وتمكين القيادة التربوية للعاملين فيها من مهارات وكفايات الإدارة الإستراتيجية، والإدارة الديناميكية وإدارة الأزمات بفعالية.

كما أن تطوير الأداء الفردي للعاملين في المؤسسة يتحقق من خلال إدارة

الأفراد على نحو يحقق:

أ. رفع الروح المعنوية لديهم.

ب. إشعارهم بمسؤولياتهم.

ج. ضمان عدالة المعاملة –حوافز – نقل – إجراءات.

د. الرقابة على الرؤساء.

ه. تقويم سياسات الاختبار والتدريب.

ز. تعميم نظم أداء تلائم أجزاء الأداء ووحداته.

ح. اعتماد تقييم الأداء كوسيلة للاتصال وتطوير قدرات الأفراد وتنميتها، وليس كوسيلة عقابية ورصد الأخطاء.

الهدف الاستراتيجي الثالث:

تعزيز التوجه نحو اللامركزية:

يقول داركر: " على المنظمات أن تركز على الفرص بدلاً من أن تستغرقها التهديدات".

قد يشكل استثارة الإدارة العليا باتخاذ القرارات أحد العوائق التي تحول دون تطوير القيادات الوسطى، ويؤدي إلى بطء في تنفيذ هذه القرارات كون الجهة التي ستنفذها لم يكن لها دور في صياغتها وبالتالي يمكن أن تعيق تنفيذها أو تقاومها إذا استطاعت ذلك، مما قد يشكل أزمة للمنظمة.

المبررات:

أ. كبر حجم جهاز وزارة التربية والتعليم وتعدد مستوياته.

ب. اتساع الرقعة الجغرافية التي تشرف عليها الوزارة كونها ممتـدة عـلى مسـتوى المملكة.

ج. الحاجة إلى السرعة في اتخاذ القرارات وتنفيذها.

د. انتشار المفاهيم الديمقراطية وزيادة الوعي الاجتماعي بأهمية المشاركة اللامركزية.

ه. إمكانية تحقيق قيم مضافة نتيجة الجهد الجماعي للأفراد، بحيث يكون مجموع النتاج أكبر من مجموع الأجزاء.

و. تقليل مدى مقاومة التغيير لأقل حد لدى الوحدات التنظيمية التابعة عندما تكون مشاركة في اتخاذ القرارات.

ز. إتاحة الفرصة للإدارة العليا للتخطيط والرقابة بدلا من الاستغراق في التفصيلات.

ح. زيادة درجة انتماء الأفراد للمؤسسة التربوية كونهم مشاركين في تحقيق أهدافها.

ط. التصاق القيادات التنفيذية بالميدان يساهم في اتخاذ قرارات رشيدة مستندة إلى معلومات واقعية.

الآليات:

أ. التزام الإدارة العليا بالتفويض ودعم السير في هذا النهج.

ب. إعداد قيادات بديلة باستمرار وتهيئتها في وقت مبكر من خلال نقلهم من موقع لآخر ومن دورة إلى أخرى حتى يصبح لديهم الجاهزية للإرث الاستراتيجي والقدرة على تحمل المسؤوليات.

ج. بناء علاقات مرنة داخل الهيكل التنظيمي لاستقبال أية إستراتيجية

جديدة ومنها اللامركزية.

د. وضوح التشريعات وتعميمها حتى لا تتأثر القرارات بالمدخلات القيمية الداخلية لدى الأفراد على حساب المعلومات.

ه. التدريب المسبق والتهيئة المناسبة للقيادات التربوية للتعرف على التشريعات التي سيتم تطبيقها وأساليب التعامل معها.

و. تضمين التشريعات ما يفيد ضرورة اعتماد النهج اللامركزي وتفويض الصلاحيات في تسيير الأعمال.

الهدف الاستراتجي الرابع

الاستثمار الأمثل للموارد البشرية المتاحة:

1. المبررات:

يمكن إيضاح مبررات الاهتمام بالاستثمار الأمثل للموارد البشرية المتاحة في المؤسسة التربوية على النحو الآتي:

أ. أهمية التأكيد على الناس باعتبارهم الأساس والمبدأ الأول في ضوء الاكتشاف الذي عادت إليه النظرة الجديدة في القيادة، وباعتبارهم المورد الأكثر أهمية وحيوية في المؤسسة، والمحرك الأساس لبقية عناصر الإنتاج لتعمل بكفاءة وفاعلية.

ب. لأن العمليات الإدارية ذاتها لا تفكر ولا تتعلم وإنما البشر في مجتمع التعلم هم الذين يفكرون ويبحثون ويعلمون ويتعلمون ويغيرون ويطورون، لذا ينبغي الانطلاق من هندسة العمليات على هندسة العلاقات.

ج. إن التحدي الذي يواجه المؤسسة التربوية هو: كيف تقود هذه المؤسسة الموارد البشرية المتاحة فيها، وتمكنهم ليصلوا إلى أفضل وضع ممكن، يحقق مصلحتهم ومصلحة المؤسسة التربوية معاً، ويؤدي إلى الجودة والتميز في الأداء الفردي والمؤسسي، وذلك وفق منظومة شاملة متكاملة تعنى بتنمية الموارد البشرية وتطويرها بالتأكيد على النمو المهني المستدام لهان، وإعادة بناء القيادات التربوية القادرة على إحداث التغيير.؟

2. الآليات:

نستعرض في ما يأتي أبرز الآليات المقترحة لتحقيق الاستثمار الأمثل للموارد البشرية المتاحة للمؤسسة التربوية وتنميتها وفقاً للمجالات الرئيسة وهي:

أ- بناء القيادات التربوية القادرة على قيادة التغير وتشكيلها.

1. بلورة مفهوم متطور " للقيادة التربوية المعاصرة " واعتماده لإعداد القادة التربويين إلى مستوى مركز الوزارة ومديريات التربية والتعليم والمدارس، في ضوء مبادئ هذه القيادة التربوية المعاصرة واتجاهاتها وأنماطها وأدوارها، لتمكينهم من إحداث نقلة نوعية في أساليبهم الإدارية وممارستهم بما يحقق أهداف العملية التربوية بشكل أفضل.

2. اعتماد " قيادة التغيير " باعتبارها النمط القيادي الضروري للارتقاء بمؤسستنا التعليمية، وتحقيق التعايش الفاعل لها في مجتمع القرن الحادي والعشرين، بثقة واقتدار والاستجابة بشكل أفضل لمتطلباته ومواكبة مستجداته وتقنياته وتنمية القيادات التربوية وفق هذا التوجه التطويري من خلال برامج تدريبية مكثفة ومتكاملة.

3. انتهاج إدارة المعرفة لتحقيق النجاح والتفوق في عصر الاقتصاد المعرفي وذلك عن طريق تنمية قيادات تربوية تسعى إلى: إيجاد البنية التنظيمية، وبناء ثقافة المؤسسية التي تركز على تنمية رأس المال الفكري (عمال المعرفة)، وتقود عمليات الابتكار والإبداع، وتحفز العاملين في الوزارة لتقديم أفضل ما لديهم.

4. ترسيخ وتعميق مفهوم مجتمع التعلم في مختلف أنحاء المؤسسة التربوية، وذلك من خلال تعزيز نمط القيادة البناءة أو المنتجة، بمعنى أنها: عملية تعلم تبادلية تشاركية تمكن مجموعة المساهمين فيها من بناء وتدعيم تعلم له مغزى وفائدة مكتسبة، وفي إطار تحقيق الهدف العام المشترك للمجموعة مما يتطلب إعادة توزيع السلطة ونشر الصلاحيات وتنمية روح الفريق والعمل الجماعي في أنحاء المؤسسة التربوية.

5. تنظيم برامج فاعلة لتهيئة القيادات التربوية الواعدة وفق مستجدات العصر- وتقنياته وفي ضوء كفايات القيادة الحديثة لإعدادها لتبوء المراكز القيادية مستقبلاً.

ب- التأكيد على تحقيق النمو المهني المستدام للموارد البشرية:

1. اعتماد الإدارة التربوية والمدرسية تخصصاً مهنياً يتطلب قيادة تربوية واعية ومتجددة، قادرة على رؤية الأبعاد الحقيقية للعملية التعليمية – التعلمية – من خلال تطوير برامج النمو المهني المستمر، والتعلم الذاتي المستدام المتخصصة بإعداد القادة الإداريين، وحفزهم بشكل خاص لمتابعة نتائج البحوث والدراسات العلمية المتخصصة في مجال الإدارة التربوية والمدرسية وللمشاريع والنماذج التجديدية المتميزة في هذا المجال.

2. تنمية القيادات التربوية من خلال تنظيم برامج نوعية للتدريب وإعادة التدريب

انطلاقاً من مبدأ تحقيق النمو المهني المستدام للعاملين في هذا المجال، وانسجاماً مع كون القيادة قابلة للتعلم والتطوير وإعادة الصياغة والصناعة بما يتناسب مع العصر ـ مثل: إدارة التفاوض، والتخطيط الاستراتيجي، وإدارة الموارد البشرية، والاتصال التقني.. إلخ.

3. تطبيق التدريب المبني على الحاجات وذلك من خلال تحديد الحاجات التدريبية الحقيقية لمختلف الفئات العاملة في الإدارة التربوية والمدرسية، وتنظيم البرامج التدريبية والمناسبة لتلبيتها، ومتابعة انتقال أثر التدريب على تفعيل العمل الإداري التربوي وإجراء الدراسات التقويمية لفاعلية البرامج التدريبية.

4. تنظيم برامج لتدريب العاملين الجدد في مجال الإدارة التربوية تدريباً توجيهياً يسهم في تعريفهم بالمؤسسة التربوية وأهدافها ومهماتها الرئيسة، وإطلاعهم على حقوقهم وامتيازاتهم من جهة وتعريفهم بواجباتهم ومسؤولياتهم والتزاماتهم وأهمية دورهم في تحقيق غايات المؤسسة التربوية من جهة أخرى.

ج- اعتماد المنحى التكاملي في إدارة الموارد البشرية وتنميتها:

1. تطوير معايير أسس موضوعية وعلمية وعقلانية واعتمادها في الاختيار والتعيين، وفي الترقية للوظائف القيادية والنمو المهني، بحيث تعتمد الأهلية والتنافسية والجدارة والكفاءة وترتكز على المؤهلات والمهارات والكفايات والخبرات والإنجازات المنسجمة مع مواصفات الوظيفة الشاغرة وأن يتم الإعلان عن هذه الأسس والمراكز الشاغرة، ويتم الالتزام بها والاختيار في ضوئها.

2. تطوير ميثاق أخلاقي واعتماده بحيث يلتزم به العاملون في مهنة التعليم بعامة وفي الإدارة التربوية بخاصة، وينظم الشؤون المتعلقة بأخلاقيات العمل في هذه المهنة المقدسة ومتابعة تطبيقاته.

3. تطوير واعتماد وصف وتصنيف وظيفي شامل لمختلف الوظائف الإدارية والفنية في الوزارة، بدءاً من المركز ومروراً بمديريات الميدان وانتهاء بالمدرسة وذلك في إطار نظام متكامل واضح ومعلن ومعتمد للوصف الوظيفي القائم على المهارات والكفايات بالإفادة من الجهود التي تم إنجازها ضمن مشروع تطوير الكفاءة المؤسسية.

4. إعداد نظام شامل متكامل للمساءلة التربوية وتطبيقه، بحيث يشمل العاملين في مختلف أنحاء المؤسسة التربوية في المركز والميدان كافة ويعتمد التقويم الموضوعي للأداء الفردي والأداء المؤسسي للوحدات الإدارية والفنية.

5. انتهاج المنهجية العلمية في حل المشكلات واتخاذ القرارات واعتماد التشاركية في صناعة القرار التربوي والاستماع الفعال لآراء ومقترحات حول سير العمل ومعوقاته وتطويره.

6. اكتشاف الطاقة الإبداعية القادرة على الابتكار والتحديث والتميز لدى العاملين في المؤسسة التربوية، وذلك من خلال متابعة إنجازاتها وإسهاماتها وتحفيزها والإشادة بها، وتمكينها وتنميتها واستثمارها بشكل فعال لمصلحة الوزارة وتحقيقاً لأهدافها.

7. بناء نظام شامل وعادل للتحفيز في المؤسسة التربوية يراعي الإنجاز والتميز في الأداء ويشجع الإتقان والجودة العالية وربطه بنظام رتب متكامل للإداريين يتم إعداده على غرار مشروع رتب المعلمين.

8. تطبيق سياسة الباب المفتوح، أي جعل قنوات الاتصال جميعها مفتوحة وإتاحة حرية التواصل بين مختلف المستويات الإدارية وفي الاتجاهات جميعها، وبما يحقق الاتصال التفاعلي بين أعضاء المؤسسة التربوية كافة،

وفي مناخ يتصف بالمرونة والانفتاح.

9. تعزيز روح الفريق الجماعي، وتحفز التغيير وتدعمه من خلال تكليف العاملين بإنجاز مهمات جماعية بناء على تخصصاتهم واهتماماتهم المختلفة لتحقيقها بصورة تكاملية.

10. تطوير مصفوفة كفايات ينبغي أن يتحلى بها القائد التربوي على المستويات كافة.

11. تفعيل العلاقة التشاركية والتنسيقية مع جميع المؤسسات المجتمعية المعنية بتنمية الموارد البشرية.

12. استثمار خبرات الموارد البشرية التي تقاعدت من الوظيفة وقدمت خدمات جليلة للمؤسسة التربوية، وتوظيف طاقات وخلاصة تجاربها من خلال مشاركتها في المؤتمرات والاجتماعات واللجان التربوية المختلفة، ومتابعة الفعاليات التربوية.

13. التوسع باستخدام المعلوماتية لتحقيق الاستثمار الأمثل للموارد البشرية المتاحة بإدارتها إلكترونياً عن طريق إقامة الشبكات الداخلية فيما بينها وتفعيل استخدام البريد الالكتروني والربط بشبكة الانترنت، وغيرها، وهذا مما يقتضي ـ تدريب العناصر الإدارية وتأهيلها وتطوير اتجاهاتها مسبقاً ورفع كفايات مجالات استخدام الحاسوب وتطبيقات المعلوماتية في العمل الإداري التربوي المدرسي.

الهدف الاستراتيجي الخامس: بناء نظام المعلومات الإداري ودعم القرار التربوي:

إن الهدف الأساسي من المعلومات في أي مؤسسة هو حاجة العاملين فيها باختلاف مستوياتهم الإدارية إليها عند اتخاذهم القرارات ذات العلاقة بالمؤسسة التي يريدون أعمالها، فالعمليات التخطيطية والتنظيمية والتوجيهية والرقابية التي يقوم بها مديرو المؤسسة بحاجة إلى معلومات دقيقة ومعدة مسبقاً وملائمة لهم لتنفيذها على أكمل وجه.

ومع ازدياد حجم المعلومات بشكل كبير في وزارة التربية والتعليم وكونها ذات أهمية قصوى عند وزير التربية والتعليم والأمناء العامين ومديري إدارات مركز الوزارة ومديري التربية والتعليم في الميدان وجميع متخذي القرار بمختلف مستوياتهم – في اتخاذ القرارات المناسبة، والقيام بمهامهم برزت الحاجة إلى ضرورة وجود نظام معلومات تربوي متكامل يبدأ من المدرسة وينتهي بالوزارة مروراً بمديريات التربية والتعليم في الميدان، معالجة هذا الكم الهائل من المعلومات المحوسبة وغير المحوسبة وحفظها وتسهيل الرجوع إليها.

المبررات:

أ.الأساس الذي يجب أن يحكم عمليات التخطيط والتنظيم والتوجيه والرقابة التي يقوم بها العاملون في الإدارة التربوية على مختلف مستوياتها هو توافر المعلومات الحديثة والدقيقة والشاملة في الوقت المناسب.

ب. نمو البيانات التربوية كماً ونوعاً وازديادها بشكل مضطرد، يزيد من حجم النظام التربوي ونسبة تعقيده وينعكس سلباً على الفائدة المرجوة من المعلومات المستقاة من هذه البيانات، حيث أشارت آخر

الإحصائيات لعام 2002/2001 أن عدد طلبة المملكة بلغ (1463484) طالباً وطالبة من مختلف الخلفيات الاجتماعية والاقتصادية وعدد المعلمين (71723) معلماً ومعلمة، وعدد المدارس (5137) مدرسة، وبلغت موازنة الوزارة حوالي (244.595.000) دينار. مما أدى إلى بروز مشكلات جديدة وكثيرة ترتبط بالإدارة التربوية.

ج. تعدد متطلبات التخطيط ومتطلبات الإدارة التربوية اللازمة لاتخاذ القرارات على المستويات والاتجاهات كافة، وتأثر هذه القرارات أيضاً بالقضايا العالمية كالمساواة والعدالة الاجتماعية والتعددية والنوع الاجتماعي.

د. تنوع المشاركين في اتخاذ القرارات كالطلاب وأولياء الأمور والموظفين والمشرعين والمخططين والإداريين، وكل الذين يتأثرون بشكل مستمر في عملية التخطيط والإدارة التربوية يتطلب توفير المعلومة المناسبة ذات الموثوقية العالية لهم في الوقت المناسب.

ه. الرقي بالعملية التربوية لتحقيق متطلبات التغيير في جو يتسم بشح المصادر وقلتها.

و. تحسين كفاءة الوزارة وقدرتها وفاعليتها من خلال تطوير أنظمة معلوماتية وإدارية ذات جودة عالية قادرة على قيادة التغيير، وإدارة مؤسسية مبنية على نظام معلوماتي فعال، يعزز دور الوزارة وقدرتها على أن تكون السباقة في مجال تكنولوجيا المعلومات.

ز. الحاجة إلى رقابة وتقييم أثر استراتيجيات التعلم الالكتروني.

ح. توفير المعلومة الشاملة والدقيقة في الوقت المناسب للإداريين التربويين

في الوزارة لدعم القرارات الضرورية لإجراء التغيير المنشود نحو قيادة التعلم الإلكتروني ودعم القدرة على التقييم والمراقبة لمؤشرات الأداء التربوية لتصميم برامج التدخل.

ط. رفع سوية المهارات الإدارية والإشرافية وتصميم برامج التدخل الطارئة من قبل صانعي السياسات والتربويين لتحسين كفاءة النظام التربوي.

ي. تطوير الأنظمة المعلوماتية والإدارية لدعم سياسات صنع القرار والتغيير التربوي.

الآليات:

أ. تقييم أنظمة المعلومات والأنظمة الإدارية المطبقة في الوزارة وإعادة هندستها لتسخير كفاءتها وفعاليتها بحيث يتم نقل عملياتها وإجراءاتها إلى الميدان على مستوى المديريات وتحليل البيانات على مستوى المدرسة وغرفة الصف لتحسين الممارسات وتحقيق اللامركزية.

ب. تطوير إستراتيجية للمعلومات تهدف إلى تدفق المعلومات ومعالجتها إلكترونياً بين مركز الوزارة والميدان والمدارس لتمكين التربويين من إدارة أعمالها ومهامهم بأكفأ صورة ممكنة من خلال حصولهم على معلومات ذات جودة عالية في الوقت المناسب وبكلفة اقتصادية مقبولة.

ج. تشكيل لجنة تسمى (لجنة إدارة إستراتيجية المعلومات) تعمل على تقديم النصائح والاستشارة التي تتعلق بتطوير نظم خدمات المعلومات الإدارية وتقوم عليها المهام التالية:

1. إعداد استراتيجية تتراوح مدتها من ثلاث إلى خمس سنوات، لبناء نظام معلومات إداري لوزارة التربية والتعليم ومراجعتها بشكل سنوي.

2. مراقبة تطوير تطبيق الاستراتيجية وتقديم العون اللازم لها.
3. تطوير استراتيجية (MIS) خدمات إدارة المعلم لتوفير مجموعة متكاملة من البيانات، والتي يمكن الوصول إليها والإطلاع عليها بأساليب وطرق مختلفة، للحصول على المعلومات من أجل دعم مهمة وزارة التربية والتعليم ومساعدتها على إدارة شؤونها، وتطبيق ومراقبة فعالياتها بفاعلية وكاءة، وتكون هذه البيانات على النحو الآتي:

أ. البيانات الخاصة بالمدرسة، وتتمثل في البيانات الأساسية للمدرسة، والأثاث المدرسي، والبيانات المالية للمدرسة.

ب. البيانات الخاصة بالطلاب، وتتمل في توزيع الطلاب حسب العمر والجنس ولاصف والتخصص.

ت. البيانات الخاصة بالعاملين، وتتمثل في توزيع المعلمين حسب لتخصص والمبحث ال1ي يدرسه كل منهم، والمرحلة التي يدرسها والدرجة والرتبة.

ث. البيانات الخاصة بالتشريعات، وتتمثل في تعليمات النجاح والرسوب والترفيعات والعقوبات.

د. استحداث إدارة للمعلومات التربوية (MIS- Department)، يكون هدفها الرئيسي توفير أنظمة المعلومات الإدارية وتطويرها، باستخدام البنية التحتية للتعلم الإلكتروني، وتوفير الوصول للمعلومة الشاملة والمناسبة في الوقت الماسب لكافة متخذي القرار، ضمن صلاحيات تضمن أمن وموثيقية المعلومات، وتعمل هذه الدائرة على:

1. تطوير البرمجيات المستخدمة حالياً والجديدة.

2. إدامة البرمجيات الحالية والجديدة ودعمها.

3. دعم جميع مستخدمي الأنظمة الإدارية الموجودة في الخادم (الخوادم) الرئيسية لقواعد البيانات.

4. استصدار التقارير لمساعدة المستخدميت لاستخدام أنظمة المعلومات.

5. توفر مهارات التحليل لتطوير العمليات.

6. دعم وتدريب المدربين على أنظمة المعلومات.

7. النسخ الاحتياطي الاعتيادي وما يخص الكوارث للنظم والبيانات.

8. إدارة الشبكة الإدارية للمعلومات.

9. مواءمة البرمجيات والأنظمة للعمل على الإنترنت.

ه. استثمار البنية التحتية لشبكة التعلم الإلكتروني في بناء نظام المعلومات الإداري.

و. دراسة وثائق الحكومة الإلكترونية، ودراسة الأنظمة الحاسوبية التي لها علاقة بالنظام التربوي الأردني كنظام الأحوال المدنية، ونظام الخدمة المدنية، ونظام التأمين الصحي، ودراسة النظام التربوي الأردني من حيث السلك التعليمي، والتشريعات، وأعمال الوزارة، ومراجعة وثائق نظام إدارة الجودة الخاص بوزارة التربية والتعليم، ودراسة سجلات الوزارة ووثائقها وأنظمتها وتعليماتها، ودراسة الكراس الإحصائي الخاص بمدارس وزارة التربية والتعليم، وإجراء المقابلات الشخصية مع متخذي القرار بمختلف مستوياتهم والعاملين في الوزارة والميدان.

مميزات نظام المعلومات الإداري الذي نريد:

1. نظام معلومات خاص بوزارة التربية والتعليم وجزء من نظام الحكومة الالكترونية يمكن تطويره وتحديثه بما يلبي الاحتياجات المتطورة لمتخذي القرار.
2. يتكامل مع نظام الحكومة الالكترونية وأي أنظمة أخرى حاسوبية لها علاقة بالنظام التربوي الأردني مثل، نظام الأحوال المدنية الحاسوبي، ونظام ديوان الخدمة المدنية ونظام التأمين الصحي ويمكن ربطه معها.
3. نظام متكامل يُعنى بجميع جوانب العملية التربوية وليس إحصائيا فقط.
4. يخصص له موقع على شبكة الانترنت يتيح لجميع العاملين في الوزارة والمراجعين وأولياء أمور الطلبة استخدامه بسهولة وفي أي وقت.
5. يحقق الملائمة والدقة والتوقيت الملائم والكلفة المناسبة في المعلومات.
6. يمتاز بسهولة إدخال البيانات وسهولة تدقيقها وإدارتها.
7. يتم إدخال البيانات في المدرسة ومن خلال موقع النظام على شبكة الإنترنت.
8. لا يتطلب العمل عليه خبرة حاسوبية سابقة.
9. يسترجع المعلومة بسرعة عالية جداً.
10. يضغط البيانات التربوية الهائلة إلى أصغر حجم ممكن.
11. يتوافق مع أنظمة التشغيل المختلفة.
12. يوفر عند استخدامه وتركيبه من المعدات الحاسوبية ما أمكن.
13. يكتشف أخطاء المدخلين آلياً ما أمكن.

14. يحفظ معلومات كل عام دراسي على حدة، بحيث يمكن الرجوع إليها وقت الحاجة لاستخلاص أي معلومات منها.

15. يسمح للباحثين التربويين بتحليل البيانات وتفسيرها ومناقشتها وعرضها بصورة تمكن المخططين التربويين ومتخذي القرار من توظيف نتائج البحث التربوي في الاستراتيجيات التربوية.

16. يستخرج المعلومات بأشكال مختلفة وحسب متطلبات الأقسام التربوية والإدارية.

17. نظام آمن يتبنى سياسة الصلاحيات ذات المستويات المتعددة، وسياسة النسخ الاحتياطي.

18. يعمل ضمن شبكة أو دون شبكة.

19. يعمل من خلال أي قاعدة بيانات.

20. يستخدم بسهولة في أي مدرسة أو قسم أو مديرية تربية وتعليم أو إدارة في مركز الوزارة.

الإدارة على مستوى المدرسة

School-Based Management (SBM):

تتجه العديد من المقاطعات المدرسية (المناطق التعليمة) والمدارس حاليا نحو تطبيق منحنى " الإدارة على مستوى المدرسة " أو " المدرسة كوحدة أساسية للإدارة " (SBM) كأحد أساليب الإصلاح المدرسي، وفي ضوء هذا المنحنى، فإن سلطة الإدارة تنتقل من مكاتب المقاطعة المركزية إلى المدارس ذاتها.كوسيلة لإعطاء مؤسسيـ هذه المدارس، ومديريها ومعلميها، وأولياء الأمور وأعضاء

المجتمعات المحلية. (وأحيانا الطلبة في بعض المدارس الثانوية). مزيداً من السيطرة والرقابة على الفعاليات والأنشطة التي تتم داخل هذه المدارس.

و نتيجة للملاحظة والمتابعة. فقد اكتشف بعض التربويين وأولياء الأمور وعامة الناس، أن بعض هذه المقاطعات المدرسية والمدارس قد أحرزت نجاحاً وتميزاً في تطبيق منحنى " الإدارة على مستوى المدرسة " أكثر من غيرها.

و لتعرف الظروف والأسباب التي تعزز تحسين الأداء المدرسي وتدعمه عند تطبيق منحنى " الإدارة على مستوى المدرسة " فقد قامت مجموعة من الباحثين ضمن مشروع " SBM" في جامعة (Southern California/ Los Angelus) بدراسة استمرت (3) سنوات شملت مجموعة من المقطاعات المدرسية والمدارس التي طبقت هذا المنحى اللامركزي في الإدارة في كل من: الولايات المتحدة الأمريكيةن وكندا واستراليا وذلك كجزء من الدراسات التربوية المعنية ببرامج الإصلاح المدرسي.

وقد أشارت نتائج الدراسات إلى وجود فرق ملموس بين المنهج الذي تستخدمه المدارس التي يعمل فيها منحى "الإدارة على مستوى المدرسة" " بنجاح، وبين تلك المدارس التي تواجه معوقات في تطبيقه.

وحرص فريق البحث على تطوير نتائج دراساته ووضعها على شكل مجموعة من الاستراتيجيات التي تعد برنامج عمل أو دليل يمكن أن تستفيد منه المقاطعات المدرسية والمدارس التي باشرت حديثاً مشروعاً لتطبيق منحى "الإدارة على مستوى المدرسة" فيها، أو تلك التي تسعى لتعديل برامجها وخططها المنفذة حالياً في هذا المجال.

ويمكن أن يساعد هذا الدليل أيضاً المدارس التي تحرص على تعرف مدى تطبيقها لهذه الاستراتيجيات لكي تعمل على دعم ممارستها الإيجابية وتعزيزها

ولتتلاشى نقاط الضعف إن وجدت.

وقد تألفت عينة الدراسة التي قام بها فريق البحث بزيارتها من (13) منطقة تعليمية تطبق كل منها منحى (الإدرة على مستوى المدرسة) منذ أربع سنوات على الأقل، وبشكل عام فقد شملت الزيارات (40) مدرسة تم من خلالها مقابلة أكثر من (400) شخص من العينة التي تضمنت الفات التالية: أعضاء المجال المدرسية، ومديري المدارس والمعلمين وأولياء الأمور والطلبة.

نتائج البحوث والدراسات التربوية

توصلت البحوث والدراسات التربوية إلى مجموعة من النتائج، أبرزها:

1. أن مجموعة المدارس التي اتصفت بأنها الأكثر فاعلية في استخدام منحى (الإدارة على مستوى المدرسة) كانت قادرة على إعادة تنظيم نفسها لتحقيق الرؤية التي وضعتها، وأنها أعادت بناء مناهجها وأساليب التعليم فيها، إذ أنه هذا المنحى الجديد يتطلب إعادة تصميم التنظيم المدرسي بصفة عامة. ولكي ينجح هذا المنحى في تحسين الأداء المدرسي، فهنالك شرطان رئيسيان:

   أ. إن العاملين في موقع المدرسة يجب أن تكون لديهم سلطات وصلاحيات واسعة فيما يتعلق بالموازنة وإدارة شؤون العاملين والمناهج الدراسية.

   ب. إن هذه السلطات يجب أن تستخدم لإدخال التغييرات والتجديدات التي تؤثر مباشرة في تحسين نوعية التعليم والتعلم في المدرسة.

2. إن المدارس التي اتصفت بأنها الأقل نجاحاً في تطبيق منحى (الإدارة على مستوى المدرسة) وبالتالي الأقل أثراً في إحداث التغييرات، كانت

تركز على أمور، كالسلطة والنفوذ والقضايا الروتينية، مثل:

أ.   هل ينبغي أن يكون لمدير المدرسة حق (النقض) الفيتو؟

ب. من ينبغي أن يكون ضمن مجلس إدارة المدرسة؟

ج. من ينبغي أن تكون لـه صلاحية استخدام التجهيـزات المدرسـية، كآلـة التصوير، والحاسوب، والفيديو،... إلخ.

3.   إن المدرسة لا تحقق استخداماً فعالاً لسلطاتها الجديدة، إذا لم توجه إستراتيجيتها نحو اللامركزية ضمن محاور ثلاث هي:

أ.   تحقيق النمو المهني للعاملين، من خـلال تـوفير الفـرص التدريبيـة الملائمـة لتعزيز مهارات التعليم والإدارة وحل المشـكلات لـدى المعلمـين والجهـات المساهمة في العملية التربوية كافة.

ب. توفير قاعدة معلوماتية ملائمة لاتخاذ قرارات عقلانيـة، فيمـا يتعلـق بـأداء الطلبة ورضا المعلمين وأفـراد المجتمـع المحـلي، والمصـادر والمـوارد المتاحـة للمدرسة.

ج. تطوير نظام تحفيز مناسب يعترف بتحسـن الأداء، ويقـدر أهميـة الجهـد المضاعف الذي يتطلبه استخدام منحى (الإدارة على مستوى المدرسة) مـن جميع الجهات المساهمة في عملية التطبيق.

4.   أكدت الدراسات أهمية النمط القيـادي لمـدير المدرسـة، وضرورة تـوافر خطـوط عريضة عامـة موجهـة للعمليـة التربويـة، كوجـود إطـار عـام للمنـاهج الدراسـة لتوجيه العملية التربوية التعلمية في موقع المدرسة.

الاستراتيجيات العامة المشتركة:

نستعرض تالياً الاستراتيجيات الست المشتركة بين أكثر المشاريع نجاحاً في مجال تطبيق منحى (الإدارة على مستوى المدرسة)، والمستقاة من خلاصة البحوث والدراسات التربوية:

1. نشر السلطة وتوزيعها:

إن المدارس الفعالة في تطبيق منحى (الإدارة على مستوى المدرسة) تنشر السلطة وتوزعها خلال التنظيم المدرسي بأكمله، حتى تشارك مختلف الجهات المعنية في عملية صناعة القرارات التربوية، ومنها، مجلس المدرسة واللجان الفرعية فيها، وذلك على النحو الآتي:

أ-   مجلس المدرسة (Site Council):

عندما يتم تبني (منحى الإدارة على مستوى المدرسة) تبدأ المدارس بالاعتماد على المجالس المدرسية لاتخاذ القرارات المتعلقة بالبرامج والموارد والمصادر المتاحة.

وفي بعض الحالات، فإن المقاطعة المدرسية (المنطقة التعليمية) أو الولاية هي التي تقرر هيكلية المجلس وتشكيلته، بينما في حالات أخرى فإن المدرسة نفسها هي التي تقرر ذلك.

وتشكل معظم المجالس المدرسية من: إداريين، ومعلمين، وأولياء أمور، ومن قيادات مجتمعية يتم انتخابها لخبراتها المميزة.

ب-   اللجان الفرعية (Subcommittees):

في العديد من المدارس التي تطبق منحى (الإدارة على مستوى المدرسة) يقوم مدير المدرسة أو مجلسها بتشكيل لجان فرعية يتراوح عددها بين (3-12)

لجنة، تقوم بإعداد تقاريرها ورفعها إلى مجلس المدرسة، ويتم تشكيل هذه اللجان لدراسة موضوعات رئيسة ومتابعتها مثل: المناهج والتعليم، والعلاقات العامة، وتقنيات التعليم، والتسهيلات التربوية، والتي يمكن أن تضم إلى جانب المعلمين، أولياء الأمور، وممثلين عن الهيئات المجتمعية المعنية، ويتم تشكيل هذه المجموعات رسمياً، وتعيين أعضائها وتحديد مواعيد دورية منتظمة لاجتماعاتها.

ومن العوامل المهمة التي تميز بين المدارس الناجحة، وتلك التي تواجه معوقات في تطبيق هذا المنحى هو: إلى أ درجة يتم توزيع السلطة في المدرسة لتنتقل من المدير والمجلس إلى اللجان الفرعية وبقية المجموعات التي تساهم في صناعة القرار مثل: فرق المعلمين، فعندما يكون هنالك انتشاراً واسع للسلطة وتوزيع متوازن لها في أنحاء المدرسة، فإن كل فرد من أعضاء هيئة العاملين في المدرسة والأطراف المعنية يقوم بعمله ويتحمل جزءاً من السلطة والمسؤولية.

إن المدارس الناجحة تستخدم سلطاتها الجديدة نم أجل إحداث التغيير الحقيقي في الممارسات التعليمية - التعلمية، وكمثال: لقد قامت إحدى المدارس بإعادة تخصيص المراكز التعليمية لديها لإشغال وظيفتين (كعمل جزئي)، إحداهما لتنسيق برامج النمو المهني للمعلمين، والثانية لمتابعة أسباب غياب الطلبة ومعالجتها، وقرر المجلس في مدرسة أخرى إطالة ساعات اليوم الدراسي لإتاحة الفرصة للمعلمين للقيام بعملية التخطيط التشاركي مرة واحدة أسبوعياً، بينما قامت مدرسة أخرى بتقليل عدد ساعات اليوم الدراسي عدة أيام في السنة لعقد اجتماعات لأولياء الأمور، كما وافق مجلس إحدى المدارس الابتدائية على استخدام الموازنة المخصصة للتعليم في إحدى السنوات الدراسية لشراء أجهزة ومعدات يدوية للحساب والعد لكل طلبة المدرسة، بينما استخدمت مدارس أخرى الوفورات التي حصلت عليها في موازنة السنوات السابقة لتلبية احتياجات تعلمية معنية لدى طلبتها.

إن توزيـع السـلطة والمشـاركة في صـنع القـرارات المتعلقـة بالعمليـة التعليميـة - التعلمية لا يخلق مجالاً للعزلة أو لحدوث صدامات ونزاعات داخل البيئة المدرسية.

وعلى العكس، فإن المدارس التـي تواجـه معوقـات في تطبيـق منحـى (الإدارة عـلى مستوى المدرسة) تميل إلى تركيز السـلطة في يـد مجلـس المدرسـة بمفـرده، والـذي يتـألف عادة من مجموعة صغيرة من المعلمين الملتزمين الذين يدركون حقاً بـأنهم لا يمثلـون كـل الأطراف المعنية بالأنشطة والفعاليات المدرسية، واللجان الفرعية والمجموعـات الأخـرى - ن وجدت - فإن مساهمتها تكاد تكون محدودة، كما أ، المجموعة الملتزمـة مـن المعلمـين عادة ما تشعر بالإرهاق وتعاني من كثرة الأعباء، وتشعر بمشاعر العزلة في غياب اللقـاءات والاجتماعات التي تتيح لها إمكانية العمل مع الأطراف الأخرى المعنية في مشاريع تربوية مختلفة، مثل: تطوير نظام شامل للتقويم التربوي.

2. التأكيد على تحقيق النمو المهني:

تتلخص الإستراتيجية الثانية المعتمدة في المدارس الناجحة في تطبيق منحـى (الإدارة على مستوى المدرسة) في التأكيد عـلى تحقيـق النمـو المهنـي للعـاملين كعمليـة مسـتمرة وكنشاط يشمل المدرسة بأكملها، إذ توجـه المـدارس الناجحـة نشـاطاتها نحـو بنـاء قـدرة المدرسة ورفع كفاءتها الكلية في مجال إحداث التغيير، وإيجاد مجتمع دائم التعلم داخلها (وهو المجتمع الذي يعد كل فرد فيه معلماً ومتعلماً في آن واحد)، وتطوير قاعدة معرفية مشتركة، وفي بعض المدارس يقوم المعلمون بتبادل التعلم والتـدريب في أمـاكن متخصصـة وبصورة دورية، لتقوم هذه المجموعات بعد عودتهـا بتـدريب بقيـة المعلمـين لنقـل أثـر التدريب للغرفة الصفية، وقد وجد الباحثون أن المعارف والمهارات المرتبطة

بالموضوعات التدريبية المختلفة قد انتشرت بين كل العاملين في المدرسة.

وقد توصلت المدارس التي تعمل بنجاح إلى أن الالتزام بتحقيق النمو المهني للعاملين فيها استمر لسنوات عدة، وعادة ما تلت لبرامج التدريبية فصول للمتابعة، وقامت مدارس عدة بتعيين مستشار في أساليب تدريس المواد الدراسية لإعطاء دروس تطبيقية نموذجية، وللعمل بالتعاون مع المعلم على حل المشكلات الفردية والجماعية.

كما استخدمت المدارس التي سعت إلى إعادة بناء ذاتها بفعالية مدربين من مكتب المقاطعة، والجامعات، وحتى من مؤسسات تدريبية غير تقليدية كما في قطاع الأعمال مثلا، والتي وفرت تدريباً في موضوعات مثل: الإدارة وصنع القرارات من خلال المجموعة وعمل الفريق.

وانسجاماً مع المسؤوليات الجديدة المتعلقة بصناعة القرارات التربوية فقد توسعت المدارس الميزة في برامج التدريب المعني بتدريس المواد المختلفة وقامت بتعميمه على جميع المعنيين لديها، وإضافة إلى التدريب في مجالات: التعليم، والتعلم، والمناهج، والقياس والتقويم، فقد وفرت المدارس تدريباً متخصصاً في المهارات المتعلقة بالعلاقات الإنسانية، مثل: صناعة القرار بصورة تشاركية، وبناء الاتفاق الجماعي، وحل الصراع، كما وفرت تدريباً في مهارات القيادة، مثل: إدارة الاجتماعات، وبناء الموازنة والتمويل، وإجراء المقابلات، وقد شمل التدريب العاملين في التنظيم المدرسي كافة، والفئات الأخرى المعنية، مثل: مجلس المدرسة، والمعلمين، والإداريين، وموظفي المكاتب، والعاملين في الخدمات المسندة، والطلبة (وبخاصة في بعض المدارس الثانوية).

أما في المدارس التي واجهت معوقات في أثناء تطبيقها لمنحى (الإدارة على مستوى المدرسة) فقد كان التركيز على تحقيق النمو المهني بصورة فردية

أكثر من اعتماده على منظور شمولي يتضمن كل الفئات المعنية في المدرسة.

كما اتصفت هذه المدارس بوجود شواهد تدل على أنماط من البرامج التدريبية التي تتم مرة واحدة فقط عوضاً عن الاهتمام ببرامج النمو المهني المستمر، كما أن أعضاء مجلس إدارة المدرسة هم الذين يحصلون على فرصة التدريب الوحيدة المتوفرة أحياناً، وحتى في هذه الحالة فإنهم لا يمرون ببرنامج للمتابعة، ولا يحصلون على الدعم الفني المستمر.

وقد افتقرت العديد من هذه المدارس إلى وجود خطة متكاملة لتحقيق النمو المهني للعاملين فيها، فعادة ما كان مدير المدرسة يقوم بإنفاق المبالغ المخصصة للتدريب على القضايا الملحة واحدة تلو الأخرى، ولم تكن هناك مشاركة واسعة من قبل المعنيين في المدرسة لتحديد من الذي سيشمله التدريب؟ وما الذي سيشمله أيضاً؟

3. نشر المعلومات:

تسعى المدارس المميزة في تطبيق منحى (الإدارة على مستوى المدرسة) إلى نشر المعلومات بصورة واسعة خلال التنظيم المدرسي، بحيث تستطيع الجهات المعنية كافة المشاركة في صنع قرارات تربوية مبنية على معلومات واضحة ودقيقة، هذا من جهة، ومن جهة أخرى حتى يتم إعلام جميع المعنيين بمستوى الأداء المدرسي.

إن الانسياب المعتاد أو التقليدي للمعلومات عادة ما يكون من المكتب المركزي في المقاطعة إلى المدرسة، ولكن حتى المدارس التي تطبق منحى (الإدارة على مستوى المدرسة) بنجاح فإن المعلومات تنساب إضافة إلى ذلك من المدرسة إلى المجتمع المحلي ومنها إلى مكاتب المقاطعة أيضاً، ومما تجدر الإشارة إليه بصفة خاصة، الجهود التي تبذلها مجموعات المعلمين لغايات جمع المعلومات

ونشرها وتوزيعها في أنحاء المدرسة، والعمل الموصول لإعلام أولياء الأمور وهيئات المجتمع المحلي بأنشطة المدرسة وفعالياتها.

أ. مجموعات العمل:

جميع المدارس التي يعمل فيها منحى (الإدارة على مستوى المدرسة) بنجاح قامت بتشكيل نوع من الشبكات والعلاقات بين مجموعات العمل التي تتولى مهمات هي أصلاً من صلاحياتها، أو قد تم تفويضها لها، ويمكن للمعلمين أن يعملوا في مجموعات أو فرق عمل (أفقية) للصف نفسه أو المستوى الدراسي مع أعضاء متقاربين، أو يمكن أن يعملوا ضمن فرق عمل (عمودية) مع مختصين في المجال نفسه يمثلون صفوفاً دراسية مختلفة، كما يمكن أن يعملوا ضمن لجنة فرعية منبثقة عن مجلس المدرسة، أو في لجان مدرسية يتم تشكيلها لهدف محدد أو موضوع رئيس يهم المدرسة بأكملها، مثل: التوسع في استخدام تقنيات التعليم في الغرفة الصفية، وعادة ما يعمل المعلمون في لجنتين أو أكثر، ونتيجة لمشاركتهم في اللجان الأفقية والعمودية يتكون لديهم وعي وتفهم شامل لحاجات المدرسة الكلية.

ب. الاجتماعات:

تقوم عادة مدارس بجدولة اجتماعات قصيرة لمعلمي الصفوف أو الوحدات بعد اجتماعات هيئة التدريس ليحصلوا على التغذية الراجعة مباشرة، فبعض المدارس الثانوية تعقد اجتماعات قصيرة في كل صباح حتى يتمكن جميع الأعضاء في المدرسة من المشاركة في عرض المعلومات وتبادلها، وهذا مما يعطي نتائج إيجابية، تنعكس على تكوين وعي عام شامل بالقضايا التربوية الرئيسة في المدرسة، والمساهمة في تحمل مسؤولية صناعة القرارات المتصلة بها، وعادة ما يصف المعلمون في هذه المدارس عملية تطوير المناهج

والتعليم فيها بأنها حصيلة جهد جماعي تعاوني، مثلما هي عملية حل المشكلات عملية تعاونية مستمرة.

وفي المقابل، فإن المدارس التي تواجه معوقات في تطبيق منحى (الإدارة على مستوى المدرسة)، لوحظ أن المعلمين فيها لا تتوفر لديهم معلومات كافية حول القضايا التربوية المختلفة، مما يضطرهم إلى تكوين آرائهم بخصوصها بناء على الشائعات السائدة.

ج. امتداد المعلومات إلى المجتمع المحلي:

تتصف معظم المدارس الناجحة في تطبيق هذا المنحى اللامركزي في الإدارة بالتنظيم والإبداع في مجال الاتصال بأولياء الأمور وأفراد المجتمع المحلي، وتقوم العديد من هذه المدارس بتوزيع تقرير سنوي وصفي حول فعاليات المدرسة وأنشطتها، وتحاول الإفادة من نتائج التغذية الراجعة لوضع أولويات السنة التالية، كما تقوم بعض المدارس بإعداد تقرير يومي لأولياء الأمور يوضح مدى انتظام الطلبة في الدوام المدرسي سواء من حيث الحضور أو التأخير، وتعقد العديد منها اجتماعات للمعلمين وأولياء الأمور، بينما ينظم بعضها الآخر فصولاً دراسية لأولياء الأمور في موضوعات، مثل: الكمبيوتر، والرياضيات، والتي غالباً ما يشارك فيها الطلبة أيضاً، كما تقوم مدارس عديدة بتعيين ضابط اتصال بين المدرسة وأولياء الأمور وأعضاء المجتمع المحلي.

د. التغذية الراجعة:

تقوم المدارس الناجحة في تطبيق منحى (الإدارة على مستوى المدرسة) بجمع عدة أنواع من البيانات حول الأداء المدرسي وتحاول الإفادة منها، فهي تعد تقارير حول انتظام الطلبة بالدوام، إضافة إلى إعداد تقارير محدثة دوماً

حول سـير العمليـات الفنيـة والإداريـة في المدرسـة لرفعهـا إلى المكتـب المركـزي في المقاطعة، وتقارير أخـرى تعـد إلى كـل الجهـات المعنيـة بالعمليـة التربويـة التـي تـتم في المدرسة.

وقد وجدت إحدى المقاطعات الحل الأفضل في أن تلتزم كـل المـدارس التابعـة لهـا بإدخال معلومات متكاملة إلى أجهـزة الحاسـوب لـديها حـول نظامهـا المـدرسي، وتشمل: الموازنة، شؤون العاملين، وتحصيل الطلبـة، والتسـهيلات، والتقنيـات التربويـة، والجـدول الدراسي... إلخ.....، ليتم الإطلاع عليها ومتابعة فعالياتها.

4. اختيار المدير المناسب:

تتلخص رابع إستراتيجية متبعة في المدارس التي تتسم بالنجاح في تطبيق منحى (الإدارة على مستوى المدرسة) في وجود مدير مدرسة لـديها قار على القيادة وتفويض السلطات وتوزيعها، وتطوير التزام جماعي بالحاجة إلى النمو المهني في المعارف والمهارات، وتحفيز جميع المعلمين للمساهمة في أعمال المدرسة كافة، وجمع المعلومات حول تعلم الطلبة، وتعزيز العمل المميز ومكافأته.

وعـادة ما يوصف المدير المميز بأنه: قائد وميسر للعمليـات التربويـة، وداعـم قـوي لمجموعة العاملين معه، وشخص قادر على إحداث التغيير وإدخال التجارب الإبداعيـة إلى المدرسة، ومتابع جيد لبرامج الإصلاح المدرسي ومحفز لمسيرتها نحو التقدم والرقي.

ويكون القائـد المميـز في الغالـب في مقدمـة الـداعين إلى تطوير رسـالة المـدرة ووظيفتها، ويفوض المهمات الأخرى إلى العاملين معه، مثل: إعداد الموازنة، وجدول بـرامج النمو المهني، مما يحقق مشاركة المعلمـين بفعاليـة في مختلـف الأنشـطة التربويـة علـى مستوى المدرسة، ويحملهم المسؤوليات المرتبطة بها، كما

يشجع القائد الجماعات غير الرسمية في العمل ويعززها عن طريق برمجة لقاءات بين المعلمين أنفسهم في أثناء فترات الاستراحة.

ويعمل قادة المدرسة المميزون كأدوات فاعلة في حشد الدعم والجهود الخارجية وتنميتها، وكمثال: يشارك بعضهم في عضوية مجالس إدارات بعض المؤسسات الصناعية في المجتمع المحلي فيحضرون اجتماعاتها، بينما يقوم آخرون منهم ببناء علاقات وطيدة مع الصحف والمجلات المحلية للإعلام عن البرامج المدرسية المختلفة، وهم عادة ما يحاولون حشد الدعم الخارجي بفعالية من قبل هيئات المجتمع المحلي، فيتصلون بالجامعات لغايات الدعم المتعلق ببرامج النمو المهني، ويتحاورون مع المؤسسات الصناعية والتقنية من أجل الاستشارات والدعم في مجال تقنيات التعليم، ويزورون المؤسسات والشركات الخاصة والشبكات التربوية للحصول على الدعم الفني المنشود.

5- تكوين رؤية واضحة:

تميزت معظم المدارس التي يعمل فيها هذا المنحنى اللامركزية في الإدارة بنجاح بتبني رؤية واضحة محددة المعالم فيما يتعلق بالمهمة أو الرسالة الأساسية للمدرسة, والقيم الأساسية السائدة فيها, والغايات والأهداف الرئيسة المتصلة بنواتج الطلبة, هذه الرؤية التي توجه مختلف الفعاليات والأنشطة التربوية في المدرسة بدءاً من تطوير المنهاج والعملية التعليمية - التعلمية فيها, وانتهاء بكيفية النقاش في جلسات الحوار الجماعي وصناعة القرار بصورة تشاركية.

وقد تم التوصل إلى وضع الرؤية وصياغتها إما من خلال عملية رسمية تم خلالها بناء اتفاق جماعي حول الرؤية واعتبارها ميثاقاً، أو عن طريق مجموعة من اللقاءات والمناقشات والتفاعلات غير الرسمية التي شاركت فيها كل الجهات المعنية والمساهمة في إدارة المدرسة وتسيير شؤونها.

ومن جانب آخر فإن المدارس التي تواجه معوقات في تطبيق منحى "الإدارة على مستوى المدرسة" تمارس إدارتها السلطة والرقابة والتدخل عند السعي لتطوير رؤية جديدة, وحتى عندما يتم وضع هذه الرؤية, فإنها لا تعامل كوثيقة حية ينبغي التعريف بها, والرجوع إليها باستمرار.

كما خلصت نتائج الدراسة إلى أن معظم المدارس الناجحة تعمل وفقاً لمجموعة من الخطوط العريضة للمناهج التي تم تطويرها على مستوى المقاطعة والولاية, بل أيضاً على المستوى الوطني (كما في الخطوط العريضة التي وضعت من قبل المجلس الوطني لمعلمي الرياضيات ..مثلاً). ومع ذلك, يرى المعلمون أن هناك مجالاً معقولاً أمامهم للمساهمة في وضع خصوصيات المنهاج وجزئياته وتطوير أساليب التدريس وطرقه واختيار الوسائل والوسائط التعليمية المناسبة لصفوفهم, وكمثال فقد قام المعلمون في بعض المدارس بكتابة إطار مرجعي مفصل فيما يتعلق بكل وحدة من محتويات المنهاج, كما استخدم بعض المعلمين فصولاً ووحدات من الإطار الموجود أصلاً (أي الذي تم تطويره على المستوى الوطني) للخروج بإطار مرجعي ومنهج خاص بهم ينسجم مع كل ما هو مطروح.

وقد استفادت المدارس الناجحة أيضاً من توظيف الفهم المشترك والالتزام الواعي بخصوص تطوير المناهج والتعليم, والذي نشر ـ في أنحائها كافة لـدعم جهـود التحسـين والإصلاح المدرسي.

6- مكافأة الإنجازات المميزة:

أما الإستراتيجية الأخيرة التي تتبناها المـدارس الناجحـة في تطبيـق منحـى " الإدارة على مستوى المدرسة" فهي تحفيز ومكافأة الإنجازات الفردية والجماعية

المميزة التي تحققت في أثناء التقدم نحو إنجاز غايات المدرسة وأهدافها.

وبشكل عام, فإن المدارس الناجحة في تطبيق هذا المنحنى تكافئ الإنجاز الفردي والجماعي الإبداعي بدرجة أكبر من المدارس الأقل نجاحاً أو التي تواجه معوقات في تطبيقه.

وتتضمن المكافآت المادية تعويضات مالية تدفع للعاملين لممارسة مسؤوليات إدارية أو لغايات المشاركة في برامج النمو المهني أو لتغطية ساعات العمل الإضافي وأحياناً لعضوية بعض المجالس المدرسية.

بينما تتضمن التعويضات غير المادية (المعنوية) , أموراً مثل الاعتراف بالمكانة الاجتماعية الجديدة, أو الامتيازات والمسؤوليات المترتبة على المهمات الجديدة, أو شهادة تقدير من مدير المدرسة, أو تنظيم دعوات للغداء أو العشاء أو إهداء لوحات تذكارية صغيرة للمعنيين لغايات الاعتراف بجهودهم وشكرهم عليها.

وقد استخدمت بعض المقاطعات المدرسية أسلوباً يتلخص في تمييز المعلمين المجدين والاعتراف بخبراتهم من خلال: تحميلهم مسؤوليات إضافية والإشادة بجهودهم وإعطائهم مكافآت في ضوئها, أو تخفيف العبء التدريسي عليهم أو الجمع بين أكثر من أسلوب إضافة إلى الامتيازات والمكانة التي تضيفها هذه الأدوار عليهم.

وفي ضوء النقاش المستفيض الذي جرى حول ما إذا كانت الدوافع الداخلية كافية لوحدها لتحفيز المعلمين وتعزيزهم, فقد خلصت نتائج الدراسة إلى أن المدارس التي سعت لإعادة بناء نفسها وإصلاحها بفاعلية, امتاز المعلمون فيها بالحماس والدافعية, نتيجة المناخ المهني الذي يشجع التعلم التعاوني والنمو المهني التشاركي.

ولكن في الجانب الآخر وجدت الدراسة في بعض المدارس التي يعمل المعلمون فيها وفق منحى "الإدارة على مستوى المدرسة" منذ عدة سنوات أن التعب قد أصابهم وأنهم يأتوا يتساءلون عن مدى قدرتهم على المحافظة على نفس المستوى والاستمرار بنفس الحماس والدافعية.

ومن المعتقدات الخاطئة التي سادت لدى بعض المقاطعات المدرسية أن تطبيق هذا المنحى بنجاح أي "الإدارة على مستوى المدرسة" لا يتطلب طاقة أو مجهوداً أو التزماً إضافياً من قبل المعنيين, وحقيقة الأمر هي عكس ذلك، فإن الجهود الفعلية الرامية لإعادةلابناء والإصلاح المدرسي تتطلب أكبر مشاركة ومساهمة ممكنة من قبل كل الأطاف ذات العلاقة بإدارة النظام المدرسي أم من خارجها، أي أن وجهة النظر القائلة بأن الدوافع الداخلية لوحدها كافية - وبخاصة على المدى الطويل - تعد متفائلة أكثر مما ينبغي.

الفصل الثالث

المدرسة

العصرية

المدرسة العصرية ودورها في العملية التعليمية والتعلمية

خطا الأردن خطوات كبيرة رائدة في مجال التربية والتعليم, ولا يستطيع أحد أن ينكر العملية التعليمية المتطورة في الأردن التي تواكب التطور الحديث من حيث المنهاج, والعلم والإدارة المدرسية, والبناء المدرسي, والمعلوماتية.

و في ما يتعلق بالمدرسة فهي اللبنة الأولى والأساسية في عملية التعلم والتعليم. وهي المكان الذي يربي فيه الإنسان "الطالب" بدرجة تفوق التربية في البيت أحياناً.

فيتعلم فيها الطالب المهن والفنون الإبداعية والمعارف العامة, فهي " مؤسسة تربوية تعمل لإعداد التلاميذ ليكونوا مواطنين صالحين على النحو الذي يجعل منهم طاقات ايجابية بناءة".

و لما كنا نأمل بأن تكون مدارسنا مدارس عصرية, تلعب دوراً فاعلاً في العملية التعلمية والتعليمية, فلا بد لنا من الوقوف عند جوانب مختلفة, يمكن توضيحها فيما يلي:

الصالة الرياضية

تحتاج المدرسة العصرية كبناء متكامل إلى صالة للنشاطات الرياضية, والألعاب الأخرى, وتعمل على:

1. تنمية الجسد.
2. تنمية روح التعاون الجماعي, وروح الفريق الواحد.
3. التعرف على قدرات الطالب في مجال معين.

4. حفز الطالب على المشاركة والتخلص من السلوك السيئ, مثل الخجل.

المدرسة العصرية وسوق العمل (المجتمع)

المدرسة مرتبطة بالتعليم, والتعليم هو الذي يتحمل مسؤولية التنمية البشرية في كل محتوياتها الاقتصادية, والاجتماعية, والثقافية. إذ أن جوهر الصراع في العالم هو تعليم , وتسعى المجتمعات إلى التقدم المستمر في التعليم, فالمدرسة العصرية في الأردن مرتبطة بالتنمية البشرية في المجالات المختلفة من خلال تنوع المنهاج الدراسي, والتعليم المتنوع, الأكاديمي أو المهني... ولتحقيق ذلك لابد من توافر قاعة للتدريب المهني.

1. قاعة للتدريب المهني

وتعمل قاعة التدريب المهني على :

- صقل القدرات الفردية.

- تنمية الروح الجماعية.

- تعزيز الاعتماد على الذات.

- التعلق بالمهن. وحب العمل اليدوي.

2. يوم النشاط المدرسي

3. ويواكب ذلك النشاط اللامنهجية. مثل يوم النشاط المدرسي. إذ يتخلص الطالب في هذا اليوم من العبء الدراسي. ليمارس عملاً جماعياً قد يكون بيئياً. أو يتعلق في مجال معين من الفنون. أو الرسم. أو التمثيل. أو الكتابة. أو الكتابة الصحفية. أو المسابقات الثقافية الداخلية والخارجية. أو المباريات الرياضية... ألخ.

ويعكس هذا اليوم :

- تعزيز الانتماء للوطن.

- حب العمل العام والتطوعي.
- المنافسة الشريفة المبنية على الاحترام المتبادل.
- التعود على الاجتماع من اجل هدف عام.
- الاهتمام بالقضايا التي تخص الوطن مثل البيئة والزراعة ومساعدة الآخرين.

الغرفة الصفية:

يمكن النظر إلى الغرف الصفية في المدرسة العصرية على أنها غرف متخصصة كأن تكون هناك مثلاً غرفة صفية للأدب واللغويات، وغرفة صفية للرياضيات والإحصاء، وغرفة صفية للعلوم والمختبر، وغرفة صفية للجغرافيا والتاريخ والتربية الوطنية، وغرفة صفية للمواهب الإبداعية وغرفة صفية للحاسوب.

المدرسة الناجحة بهذه الغرف الصفية, وبالشروط الواجب توافرها فيها لتهيئة عملية تعلمية وتعليمية في نظام القاعات الدراسية التخصصية.

ومن الجوانب الإيجابية لذلك, أن الغرفة الصفية المتخصصة تشكل بنية تعليمية راقية, وتؤمن انتقال الطالب من غرفة إلى أخرى الأمر الذي يمنحه الثقة بالنفس, والشعور بالراحة النفسية ويخلصه من إحساسه بأنه حبيس غرفة صفية واحدة, ومقعد واحد خلال عام دراسي كامل.

المختبر:

ومن الفوائد التي يجنيها المتعلم من خلال وجود مختبر عصري أن هذا المختبر:
1- يمنح الطالب الثقة بالنفس.
2- يقيس مدى استفادته من الدرس النظري.

3- يؤكد له صحة المعلومات من خلال التجريب.

4- يؤكد له صحة المعلومات من خلال التجريب.

5- يعلمه الاعتماد الذاتي عندما يمارس التجربة بنفسه.

6- يحفزه على البحث والدراسة.

7- يبرز ميوله, فيما إذا كانت ميوله علمية أم غير ذلك.

8- يسهم في نجاح عملية التربية والتعليم.

المكتبة:

للمكتبة دور كبير في العملية التعليمية, من أهمها أمران:

1. دعم المناهج الدراسية والبرامج التعليمية.

2. تنمية حب القراءة عند الطالب.

هذا بالإضافة إلى:

1. الاعتماد الذاتي في البحث والكتابة.

2. زيادة معلومات الطالب.

3. مساعدة المعلم بالحصول على المعلومة التي تفيد الطالب.

4. إبراز المواهب الخاصة, مثل الكتابة, والكتابة الإبداعية.

المسرح:

المدرسة العصرية نحوي قاعة مسرح فيها جميع متطلبات العمل المسرحي, من حيث جاهزية قاعة المسرح, ويعكس المسرح ما يأتي:

1. حرية التعبير.

2. التعاون والعمل الجماعي.

3. الكشف عن المواهب.
4. حفز الطالب على الإبداع في مجال التمثيل, والفنون الأدائية الأخرى.

والمفاعلة, ما بين الطلبة أنفسهم, وما بين الطلبة والمعلمين, وما بين الطلبة والإدارة المدرسية, فالتعليم التفاعلي القائم على الحوار والمناقشة, هو الأسلوب التعلمي الأفضل, وهذا الأسلوب يعكس ما يأتي:

1. تعزيز الثقة في النفس عند الطالب.
2. حفز الطالب الخامل على المشاركة والمفاعلة.
3. مساعدة الطالب على التخلص من بعض السلوك السلبي, مثل الخجل وعدم الانتباه.
4. يتعلم الطالب المناقشة بطريقة فكرية بينه وبين الطالب والمعلم.
5. يعتاد الطالب سماع الرأي الآخر.
6. ازدياد روح المنافسة الإيجابية والغيرة المحببة بين الطلاب.

والمناقشات الصفية, عادة ما تنمي رغبة الطلبة للتعايش مع بعضهم بعضا وتفهمهم للآخرين, ومن المفيد في التعليم التفاعلي التدريس بالتمثيل, وجعل الدراما جزء من العملية التعليمية, بحيث يكون التعليم التفاعلي أكثر شمولية لعدد كبير من الطلبة ويزيد من انتباه الطلبة وتركيزهم.

المدرسة العصرية ووسائط المعلومات:

يوجد في المدرسة العصرية قاعة للوسائط مثل: الإذاعة المدرسية, والتلفزيون التربوي, والكميوتر التعليمي, وأصبحت هذه الوسائل هي من أهم مقومات المدرسة العصرية التي تواكب العصر, ولديها طرق مختلفة للحصول على المعرفة والمعلومات.

المدرسة العصرية في المستقبل:

هي المدرسة التي تولي المعلم اهتماماً كبيراً, كما تولي مهنة التعليم نفس الاهتمام, وتقوم بتأهيل المعلم باستمرار, وتملك إدارة تفاعلية, ومعلماً تفاعلياً, واستخداماً كبيراً لوسائط المعرفة والمعلومات, وتهتم بالحوار والفكر والمناقشة, والطالب فيها يتحمل عبئاً في العملية التعليمية والدرس اليومي, وتقرب الأسرة من المدرسة وتسهم بالعملية التعليمية, والناتج المعرفي والعلمي سيكون كبيراً وذا مردود إيجابي على المجتمع.

والمدرسة العصرية تهتم بالتفكير وبواعثه المتمثلة في الكتاب, المعلم, والمكتبة, وكتابة التقارير والمطالعة الذاتية, ومجلة الحائط التي يبدعها الطالب والنشاط المدرسي.

الإدارة:

تتطلب المدرسة العصرية أن يكون فيها جهاز إداري مقتدر, يقوم بالواجبات اليومية, من متابعة حثيثة للطالب, والمعلم, والاهتمام بالنشاطات المختلفة..... بمعنى أن المدرسة العصرية فيها إدارة تفاعلية, تمتاز بالمرونة, وتتسم بإدارة ديناميكية فالإدارة الديناميكية هي التي تعمل بمرونة.

فهي تساعد المعلم على النهوض بالعملية التعليمية, وهي التي تحفز الطالب على القيام بنشاطات مختلفة داخلية وخارجية, وتنمي روح العمل الجماعي بين الطلبة في المدرسة الواحدة, والمدارس الأخرى.

"إن المدرسة دائمة التعلم تقتضي من الجميع أن يتحولوا إلى معلمين يتواصلون مع الجديد في مجالاتهم".

من هذا التعريف نلاحظ أن المدرسة مكان لتعلم الجميع: المدير, الطالب,

المعلم, فللمدير دور فعال بإنجاح العملية التعليمية, بـدءاً مـن اسـتغلاله الأمثـل للزمن, وإعداد برنامج عام للمدرسة من حيث الإشراف على المعلمين ومتابعة نشـاطاتهم ودورهـم برفـد العمليـة التعليميـة بأهـداف جديـدة تخـدمها, وكـذلك متابعـة الطلبـة بالحصول المعرفي والمشاركة بالنشاطات المختلفة في المدرسة وخارجها, مـن حيـث البحـث عن علاقات تواصل مع مدارس أخرى, والمشاركة الفعالـة بالنشـاطات التربويـة... والمـدير الفعال هو الذي يدير الوقت بشكل جيد ليخدم العملية التعليمية.

المعلم:

تحتاج المدرسة العصرية لمعلم تفاعلي يشرك الطالب في التخطيط لليـوم الـدراسي, وعمل مجلات الحائط, وتنمية حب القراءة والبحث, وتنمية المواهب الإبداعية والتفاعل المستمر مع الإدارة.

الطالب:

الطالـب في المدرسـة العصريـة, طالـب متفاعـل مـع المنهـاج الـدراسي, والمكتبـة, والنشاط المدرسي والإدارة المدرسية ويورد الـدكتور جمال الخطيـب عـن "سـتيبانك" أن المدرسة لجميع الطلاب الموجودين فيها فهي مدرسة الجميع, وهـي التـي يحصـل فيهـا الطالب على الدعم الذي يحتاج إليه من الأقران ومن الآخرين ويشعر بالانتماء إليها.

التعليم في المدرسة العصرية:

المدرسة العصرية تقـوم عـلى التعلـيم التفـاعلي القائـم عـلى روح المشـاركة تكـون بكائن اجتماعي, ينمو عقله و تزداد معرفته عن طريق تبادل المعلومات مع الآخرين.

من المحتمل أن يرتفع مستوى أداء الطالب و قدرته على الإبداع إذا ما توافر له جو مدرسي يبعث على الثقة و الاطمئنان.

و يكون ذلك, بالمشاركة بالأعمال الجماعية ما بين الطلبة أنفسهم و المعلمين. و إذا ما طبق نظام إدارة الجودة الشاملة في المدارس يحقق الطالب كما أوضحت إدارة الجودة الشاملة في مدارس " نيوتاون " الحكومية. مقدرة على التعلم الذاتي, استيعاب المعرفة, و تعلم التفكير النافد, و الاهتمام بالآخرين.

التخطيط:

العملية التعليمية بحاجة للتخطيط السليم القائم على قراءة صحيحة للعملية التعليمية, و المدرسة العصرية هي المدرسة التي تقوم على التخطيط المسبق من اجل إنجاح العملية التعليمية و اليوم الدراسي. و لنضرب مثلاً بسيطاً على أن الأم التي تضع وليدها في حجرها, تهدهده, و تغني له, و تطعمه الطعام الملائم, هي المخطط الأول, إذ تعمل جاهدة على صنع مواءمة ما بين الجسد و العقل. و كذلك المدرسة العصرية فهي تخلو من سلبية البيروقراطية: لان الغاية من العملية التعليمية المشاركة الفاعلة, و العمل التفاعلي المطلوب من الجميع. فمدير المدرسة مخطط, و المعلم مخطط, و كل ذلك من أجل إعداد الطالب القادر على التفكير السليم, و الذي سيغدو بدوره مخططاً ناجحاً.

الفصل الرابع

إدارة
الجودة
الشاملة

إدارة الجودة الشاملة (Total Quality Management (TQM:

تعد إدارة الجودة الشاملة من الاتجاهات الحدية في الإدارة، التي تتضمن مجموعة من المبادئ المرتبطة مع بعضها البعض، والتي تجتمع معاً لتشكل مدخلاً شاملاً متكاملاً لأداء العمل بمستوى متميز من الجودة والنوعية، وتدعى بالجودة الشاملة لأنها تؤثر على كل شيء في المؤسسة وعلى كل عامل فيها، وتتطلب التزاماً شاملاً من الجميع، إداريين ومنفذين.

ويحمل مفهوم إدارة الجودة الشاملة (TQM) الكثير من المعاني بالنسبة للباحثين والمهتمين في هذا المجال، إذ يمكن تعريفها بأنها: مدخل جديد في أداء العمل يتطلب تجديد الأساليب الإدارية والتقليدية، والالتزام طويل المدى ووحدة الأهداف. والعمل الجماعي بمشاركة جميع أفراد المؤسسة.

كما يمكن تعريفها بأنها: شكل تعاوني لأداء الأعمال، يعتمد على القدرات المشتركة لكل من الإدارة والعاملين، بهدف تحسين الجودة وزيادة الإنتاج بصفة مستمرة من خلال فرق العمل.

وأياً كان التعريف الذي نتبناه، فإن مفهوم إدارة الجودة الشاملة يمثل بصفة عامة فلسفة إدارية مبنية على أساس ورضا المستفيد أو المستهدف. وهو بذلك يتضمن التصميم المتقن للمنتجات أو الخدمات المقدمة، والتأكد من أن المؤسسة تقدمها بشكل متقن دائماً، كما أن جميع التعاريف تركز على أربعة عناصر مشتركة للجودة الشاملة هي: التأكيد على التحديث المستمر والاهتمام بتنمية العناصر، والتركيز على رضا المواطن والمستفيد.

إن العديد من مبادئ إدارة الجودة الشاملة ليست حديثة وإنما تستخدم وتطبق منذ عقود، ولكن الجديد والمميز لإدارة الجودة الشاملة هو الطريق التي تبلورت من خلالها كل المبادئ والأساليب الإدارية معاً، لتكون إطار عمل

تكاملي تم تجميعه بناء على مجموعة من المعتقدات الأساسية المتفق عليها، والمهم في الموضوع، أن العديد من مديري المؤسسات الفعالين في العالم مقتنعين اليوم بأن معرفة برامج الجودة الشاملة وإدخالها إلى مؤسساتهم واعتبارها أساس التعامل هو الحل للعديد من المشاكل التي تواجه مؤسساتهم فقد أصبحت هذه البرامج في عقد التسعينات من ضرورات نجاح المؤسسات وتقدمها.

لقد اقتصرت فكرة إدارة الجودة الشاملة في البدايات على قطاع الصناعة والإنتاج، أما الآن فقد امتد المفهوم ليشمل قطاع الأعمال العامة والحكومية وأصبح يطبق في الإنتاج الخدمي. مثلما يطبق في الإنتاج الصناعي وبالكفاءة نفسها، إذ أن إدارة الجودة الشاملة غدت تستخدم بفعالية في متابعة الأداء وتخفيض الهدر في الوقت اللازم لإنتاج العمل، واستخدام أساليب حديثة تنسجم مع التطور في الأهداف والأولويات والتقنيات المعاصرة، إضافة إلى التعليم والتدريب المستمرين لرفع الكفايات المهنية وتجديدها وتجويدها.

مبادئ إدارة الجودة الشاملة:

تتمثل إدارة الجودة الشاملة في مجموعة من المبادئ الإدارية التي تركز على تحسين الجودة، وإذا ما طبقت المؤسسة هذه المبادئ بفاعلية فإنها ستنتجح حتماً في تحقيق مستوى متميز من الجودة، ويمكن تلخيص هذه المبادئ على النحو التالي:

1. التفهم الكامل والالتزام الفعلي وضمان روح المشاركة من قبل الإدارة العليا، يجعل الجودة في المقام الأول من أولوياتها، والتأكيد على إيجاد البنى والهياكل التنظيمية وإجراءات وسياسات العمل الملائمة، وتطوير أنظمة الحوافز التي تشجع وجهود تحسين الجودة.

2. التأكيـد علـى أن عمليـة تحسـين الجـودة ينبغـي أن تغـدو عمليـة مسـتمرة في المؤسسة، والعمل دوماً من أجل تطوير العمليـات التـي يـتم مـن خلالهـا إنجـاز العمـل، عـن طريـق تصـميم عمليـات الإنتـاج السـلعي أو الخـدمي التـي تتفـق وتتطابق مع مواصفات الجودة، إضافة إلى استخدام أفضل الممارسـات والأسـاليب الإدارية، وتوظيف التقنيات والأساليب الفنيـة بفعاليـة في جميـع مراحـل تقـديم الخدمات أو المنتجات.

3. تفعيـل التنسيق والتعاون بين الإدارات والأقسام والوحدات المختلفـة في المؤسسـة، مع التأكيد على الإنجاز من خلال فرق العمل وتنمية العمل التعاوني.

4. مشاركة جميع الجهات المعنية في جهود تحسين الجودة، والتعاون مع المؤسسة في تطبيق برامج إدارة الجودة الشاملة.

5. بناء ودعم ثقافة مؤسسـية تسـعى إلى التحسـين المسـتمر، وتنميـة علاقـات عمـل بناءة بين العاملين، ودعم الجهود المميزة الفردية والجماعية.

6. مشاركة كل فرد من العاملين في المؤسسة في الجهود المتعلقة بتحسين الجودة، عن طريـق تطوير أدائه في عمله بمختلف مراحله، ومساهمة الأفراد جميعـاً في تعـرف المشاكل المرتبطة بإدارة الجودة الشاملة ومعوقاتهـا، والعمـل علـى حلهـا تعاونيـاً باستخدام الأساليب الإحصائية ومنهجية البحث العلمي وحل المشكلات.

7. تركيز برامج إدارة الجودة الشاملة على تلبيـة حاجات المسـتفيد مـن الخدمـة أو السلعة بتميز، ويتطلب ذلك من المؤسسة أن تسعى لتحديد احتياجات جمهورها المستهدف من السلع والخدمات.

ثقافة الجودة (Quality Culture):

لكل مؤسسة ثقافتها الخاصة بها التي تتكون من مجموعة من القيم والتقاليد المتعارف عليها والمشتركة بين العاملين داخل المؤسسة، والتي تعكس الطريقة التي يتصرفون بها عند أدائهم لوظائفهم ومهامهم اليومية، ويمكن تعريف ثقافة الجودة بأنها: كل القيم والأعراف والإجراءات والتوقعات التي تعزز الجودة في المؤسسة وتسعى إلى تحسينها باستمرار، وكثيراً ما تنجح المؤسسات في الالتزام ببرامج إدارة الجودة الشاملة، وتحقيق مشاركة العاملين فيها، ولكن محاولاتها تفشل في النهاية لأنها لم تبذل أي مجهود ملموس لتغيير ثقافتها المؤسسية أو التنظيمية، ولبناء ثقافة الجودة في المؤسسة ينبغي تطبيق الاستراتيجيات الآتية:

1. تعرف التغيرات المطلوب إحداثها، إذ لابد من تقييم شامل للثقافة السائدة في المؤسسة لمعرفة ماهية التغيرات المطلوبة، وتحديدها وإعداد قائمة بها.

2. بناء خطة متكاملة لتنفيذ التغيرات المطلوبة، بحيث تتضمن هذه الخطة تفصيلات عن: الأفراد المتأثرين بعملية التغيير، والمشاركين والمعارضين لها، والعوائق المحتملة وكيفية تنفيذ التغيير المطلوب وإنجاحه.

3. إقناع العاملين في المؤسسة بأهمية التغيير الذي سيتم إحداثه، وتحديد الأفراد الذين بإمكانهم دعم عملية التغيير وإنجاحها، أو أولئك الذين يتوقع قيامهم بإعاقتها، ومن ثم جمعهم معاً وإطلاعهم على خطة التغيير، وتعرف آرائهم ومقترحاتهم وتصوراتهم حول عملية التغيير، والتعامل معها جدياً وبانفتاح.

4. تقديم التشجيع والتحفيز المادي والمعنوي الضروري والممكن للأفراد الذين سيتأثرون بعملية التغيير في المؤسسة.

خطة عمل إجرائية لإدارة الجودة الشاملة:

لغايات تطوير خطة عمل إجرائية لتطبيق إدارة الجودة الشاملة في المؤسسة، هنالك عدة عناصر أساسية تمثل بمجموعها البيئة الأساسية والمساندة، وتعد متطلبات رئيسة لإعداد خطة عمل ناجحة لتنفيذ برامج إدارة الجودة الشاملة، وهذه العناصر هي:

أ. تحديد متطلبات إدارة الجودة الشاملة وتحليلها بوضوح ودقة: إن تحديد متطلبات إدارة الجودة الشاملة وتحليلها بوضوح ودقة يساعد إدارة المؤسسة على تعرف مدى استعدادها وقدرتها على البدء بتنفيذ برامج وأنشطة إدارة الجودة الشاملة. ومن اجل تكوين تصور واضح حول هذه المتطلبات، يمكن لإدارة المؤسسة أن تسعى بداية إلى البحث عن إجابات لمجموعة من الأسئلة وأبرزها:

ب. هل التغيير ضروري للمؤسسة، وهل هنالك حاجة ماسة لإحداثه؟

ج. هل تدرك الإدارة العليا والعاملون في المؤسسة ضرورة التغيير وأهميته؟

د. هل لدى المؤسسة رؤية (Vision) واضحة تحدد اتجاهها؟

ه. هل لدى قادة المؤسسة الرغبة الحقيقية لإدخال إدارة الجودة الشاملة وتطبيقها في المؤسسة؟ وهل لديهم الاستعداد الكامل لدمج جميع العاملين في المؤسسة في عملية التغير والتطوير؟

و. هل تنوي إدارة المؤسسة استثمار كل الإمكانات المتاحة للتغيير، وهل

لديها تصور واضح لغايات وضع نظام مؤسسي للتحسين المستمر؟

ز. هل تثق الإدارة بالأفراد العاملين في المؤسسة؟ وهل تشعرهم بأن المؤسسة ملك لهم؟

ح. هل لدى الإدارة الاستعداد الكافي لمواصلة الالتزام لسنوات عديدة لغايات دعم وتمويل برامج وجهود إدارة الجودة الشاملة؟

خطة عمل إجرائية لإدارة الجودة الشاملة:

- تحديد المتطلبات بدقة ووضوح
- اختيار المدخل الملائم
- تهيئة المناخ المناسب
- تبني أنماط قيادية مناسبة
- التدريب والتعليم المستمرين.
- التأكيد على تلبية حاجات المواطن أو المستفيد.
- تبني برنامج إعلامي توعوي متكامل.

اختيار مدخل ملائم لإدارة الجودة الشاملة:

تقع على عاتق المؤسسة مهمة اختيار المدخل المناسب من بين مداخل تطبيق مفهوم إدارة الجودة الشاملة، وأن تلتزم به مع ضرورة مراجعته وتقويمه وتطويره وفقاً لما يستجد من متغيرات.

ولقد ساهم العديد من العلماء والباحثين خلال العقود السابقة في إيجاد وتطوير مداخل عدة لإدارة الجودة الشاملة وكيفية تطبيقها في المؤسسات المختلفة، من أبرز هؤلاء العلماء: (Crosby)، (Harrington)، (Shores)، (Freigenbaum)، (Deming)، (Juran)، إضافة إلى (Saylor) الذي يرتكز مدخله على العناصر الرئيسية الآتية:

تحديد رؤية واضحة للمؤسسة، ولإيجاد القيادة التي تجعل هذه الرؤية حقيقة واقعية.

استثمار إمكانات المؤسسة: البشرية والمادية والفنية، في عملية التطوير والتحسين.

وضع نظام متكامل للتطوير والتحسين المستمر.

تحديد مسؤوليات كل من الإدارة والعاملين في المؤسسة بدقة.

وضع نظام للمكافأة والاعتراف بالتميز والإبداع.

السعي للحصول على الالتزام الكامل والدعم المستمر.

التركيز على تلبية احتياجات المواطن أو المستفيد لتحقيق النجاح والتميز:

ومما تجدر الإشارة إليه، أنه لا توجد طريقة مثلى لاستخدامها في تطبيق إدارة الجودة الشاملة، بل إن جميع رواد الجودة الشاملة قدموا مداخل مناسبة لتحسين الجودة، يمكن للمؤسسة اختيار المدخل الأفضل منها بالنسبة لطبيعة نشاطها وظروفها وإمكاناتها، فجميع المداخل تسعى لتطبيق فلسفة الجودة الشاملة ومبادئها وعناصرها الرئيسة.

تهيئة المناخ الملائم لتطبيق إدارة الجودة الشاملة في المؤسسة:

تتضمن عملية تهيئة المناخ الملائم لتطبيق إدارة الجودة الشاملة توفير

الموارد المادية والفنية والتسهيلات الضرورية لتنفيذ برامج الجودة الشاملة وأنشطتها، وتهيئة جميع أفراد المؤسسة في المستويات التنظيمية المختلفة نفسياً، لفهم وتقبل المفاهيم والممارسات المرتبطة بإدارة الجودة الشاملة، حتى تضمن إدارة المؤسسة تعاونهم والتزامهم وتقلل من مقاومتهم للتغيير.

تبني أنماط قيادية ملائمة لفلسفة إدارة الجودة الشاملة:

يشير الأدب الإداري إلى وجود مجموعة من الأنماط القيادية المتنوعة، إلا أن هنالك نمطاً قيادياً ملائماً لتطبيق فكرة إدارة الجودة الشاملة بصورة أفضل وهو النمط (+ع. +ن) أو (+9، +9)، أي النمط القيادي الذي يهدف إلى العمل بروح الفريق من خلال المشاركة والعمل الجماعي وبناء فريق العمل، وهو نمط قيادي يعطي اهتماماً عالياً لكل من العمل والإنتاج، ويحرص على تحقيق رضا العاملين وتنمية علاقات حسنة معهم، كما يولي اهتماماً متوازناً للعنصر البشري والإنتاج واستخدام التكنولوجيا وتطوير البيئة التنظيمية، ويضع افتراضات وقيماً إيجابية من شأنها تحقيق روح الفريق، وتعظيم النواتج التي تحقق مصلحة الفرد والمؤسسة.

التدريب والتعليم المستمر

من أهم متطلبات تنفيذ برامج إدارة الجودة الشاملة في المؤسسة بنجاح هو تنمية الكفايات المعرفية والمهارات الفنية اللازمة لدى العاملين لتنفيذ الأنشطة المنسجمة مع الخطة، لذا فمن الضروري التركيز على التدريب المتخصص المرتبط ببرامج إدارة الجودة الشاملة وأنشطتها، لتنمية السلوكيات والمهارات التي تدعم توجهات الخطة وتساعد على تحقيق أهدافها، وينبغي أن يشمل التدريب المستويات التنظيمية في المؤسسة كافة دون استثناء.

تعميق فكرة أن المواطن أو المستفيد هو الذي يدير المؤسسة:

فما دام المواطن أو المستفيد أو الجمهور المستهدف هو محور كل الجهود المبذولة في إدارة الجودة الشاملة، فإنه ينبغي تقييم مستوى رضاءه، وهذا يتطلب بناء نظام معلومات متكامل حول المواطن أو المستفيد أو الجمهور المستهدف، والذي تستطيع المؤسسة من خلاله تحديد احتياجات الفئات التي تتعامل معها وتحليلها وتعرف التوقعات أو التغيرات في احتياجات هذه الفئات وتنمية العلاقات الإيجابية معها.

تبني برنامج إعلامي متكامل:

وذلك لغايات نشر ـ الوعي ـ حول مفهوم إدارة الجودة الشاملة، وآلية تطبيقها، بحيث يتضمن هذا البرنامج ما يأتي:

أ. تنظيم الدورات التدريبية المتخصصة:

ب. إقامة الندوات العامة في مجال إدارة الجودة الشاملة.

ج. إعداد كتيبات إرشادية تعريفية وتوزيعها على المعنيين.

د. الإعلان عن المكاسب المتوقعة والناجمة عن تطبيق مفهوم إدارة الجودة الشاملة.

هـ. تعميم استخدام المفهوم في وحدات المؤسسة والجهات المتعاونة معها.

و. إعداد الدراسات الميدانية والأبحاث الإجرائية حول الموضوع، ونشر ـ نتائجها ـ من خلال وسائل الإعلام المتنوعة، وفي المجلات والدوريات العلمية المتخصصة.

ز. تبادل الخبرات والتجارب مع الأجهزة والمؤسسات المعنية في القطاعين العام والخاص.

معوقات تطبيق إدارة الجودة الشاملة:

قد تنجح بعض المؤسسات في تطبيق برامج إدارة الجودة الشاملة، بينما يفشل بعضها الآخر، ويرجع السبب الرئيسي في فشل هذه المؤسسات إلى عملية التطبيق نفسها، وقد لا يكون السر في نجاح المؤسسات الأخرى هو اختيارها أفضل برنامج لإدارة الجودة الشاملة، بل في تبني البرنامج الذي يتناسب مع ثقافة المؤسسة وأولويات أهدافها واحتياجات أفرادها. وفي مشاركة كل فرد في المؤسسة والتزامه بمبادئ البرنامج وخطواته.

ومن الأسباب الأخرى الشائعة لفشل جهود إدارة الجودة ما يأتي:

1. عدم التزام الإدارة العليا بتطبيق برنامج إدارة الجودة الشاملة وفق ما هو متوقع منها، إذ لا بد لهذه الإدارة أن تتعرف خطوات هذا البرنامج وقد تدركها جيداً، ثم تقترح هيكلاً تنظيمياً ونظاماً ملائماً للتحفيز والمكافآت مما يدعم هذا البرنامج ويسانده، ومن ثم ضرورة توافر الرغبة الحقيقة لاستثمار كافة الجهود والمصادر المتاحة في المؤسسة لتطبيق هذا البرنامج.
2. التركيز على أساليب معينة في إدارة الجودة الشاملة وليس على النظام ككل، والمعروف أنه لا يوجد أسلوب واحد يضمن من خلال تطبيقه بمفرده تحقيق درجة عالية من الجودة في المؤسسة، بل ينبغي النظر إلى مدخل إدارة الجودة الشاملة على انه نظام شامل متكامل يتألف من مجموعة من الأجزاء المختلفة المترابطة معاً، أي تحسين الجودة عملية متكاملة وليست أسلوباً منفرداً.
3. عدم مشاركة جميع العاملين في المؤسسة في برامج إدارة الجودة الشاملة فمن الضروري لنجاح جهود وأنشطة إدارة الجودة الشاملة، مشاركة أفراد المؤسسة كافة، وضمان التزامهم المستمر وأداء مسؤولياتهم تجاهها.

4. فشل بعض المؤسسات في تحويل التزام الإدارة والعاملين نحو مفهوم إدارة الجودة الشاملة، والتدريب المتخصص الذي نفذته للمعنيين، إلى ممارسات فعلية في حيز الواقع، أي القصور في إيجاد مشاريع مختلفة لتحسين الجودة وتطوير نظم الاقتراحات التي تؤدي إلى الارتقاء بالجودة وتحسين نوعيتها.

5. توقع نتائج فورية على المدى القريب جداً من قبل المعنيين، مع أن تحقيق نتائج مهمة وملموسة من تطبيق برامج الجودة الشاملة قد يتطلب سنة أو سنتين، وهذا ما قد يصيب هذه الجهات بالإحباط والتراجع وانخفاض الدافعية للتغيير.

6. تبني المؤسسة لطرق وأساليب في إدارة الجودة الشاملة لا تنسجم مع نظام عملها أو طبيعة العاملين لديها أو نشاطها الرئيس، وعندما تقوم المؤسسة باستخدام هذه الأساليب غير المناسبة فذلك لا يؤدي إلى فشل الأسلوب ذاته فقط، وإنما قد يؤدي إلى زعزعة ثقة العاملين بنظام إدارة الجودة بأكمله.

7. مقاومة التغيير سواء من قبل الإدارة أم العاملين أنفسهم، لأن برامج تحسين الجودة تتطلب تغييراً جذرياً في ثقافة المؤسسة وطرق أداء العمل ومعاييره السائدة في المؤسسة، إضافة إلى تخوف بعض العاملين من أن تحمل مسؤولية التغيير وتنفيذ متطلباته قد يفرض عليهم الالتزام بمعايير ومواصفات حديثة وجديدة بالنسبة إليهم.

8. تتطلب برامج إدارة الجودة الشاملة توافر خبراء متخصصين بالدرجة الأولى قبل اعتمادها وتطبيقها على الأشخاص العاديين في المؤسسة، وذلك من أجل تدريب هذه الفئات وإعدادها الإعداد الملائم لتطبيق البرامج والأنشطة المختلفة الهادفة لتحسين الجودة وتحقيق نوعيتها المميزة.

مقترحات للتغلب على معوقات تطبيق إدارة الجودة الشاملة:

إن التغلب على المعوقات التي تواجه تطبيق إدارة الجودة الشاملة يتطلب معرفة الإدارة في المؤسسة بمستوياتها التنظيمية كافة، وفهمها الواضح لأبعاد تحسين الجودة، وتفهم والتزام العاملين في المؤسسة كافة.. كما يستدعي النجاح في تطبيق برامج إدارة الجودة الشاملة ضرورة التخطيط التكاملي الشمولي والإعداد المناسب بما يتضمنه من مهارات قيادية وأساليب تقنية وممارسات مهنية لغايات تجاح هذه العملية وتطبيقاتها.

إن التحدي الحقيقي الذي يواجه الإدارة وبخاصة في الدول النامية التي اعتادت أساليب عمل وأنماطاً إدارية يصعب التخلي عنها، هو كيفية وضع مفهوم إدارة الجودة الشاملة موضع التطبيق العملي، والممارسة الميدانية في بيئة المؤسسات الإدارية بعامة والتربوية بخاصة، وكيف يمكن الوصول إلى تحقيق الغايات المنشودة نتيجة لتطبيق هذا التغيير؟ ويمكن تلخيص الإجابة في خطوات عدة، أبرزها:

1. وجود قائد إداري في أعلى قمة الهرم التنظيمي،قادر على اتخاذ القرار الإداري المسئول، ويؤمن بهذا المفهوم إيماناً حقيقياً، بما يتضمنه من فلسفة فكرية شمولية تقود إلى تكوين رؤية واضحة تحدد وجهة نظر المؤسسة وأولوياتها فيما يتعلق بتحسين جودة خدماتها ورفع سويتها.
2. إعادة بناء المناخ التنظيمي في المؤسسة من خلال: إعداد برامج التوعية المنظمة، وتنظيم البرامج التدريبية الملائمة، وإعداد النشرات المناسبة، حتى يتم تقبل هذا المفهوم وإدراكه من قبل المستويات التنظيمية كافة، يلقى الدعم الكافي والملائم لوضعه موضع التطبيق الفعلي.

3. مباشرة التطبيق الفعلي لهذا المفهوم في بيئة العمل الحقيقية وفقاً لمراحل المتعارف عليها، متابعة التنفيذ خطوة بخطوة، أملاً بالوصول إلى سلامة التطبيق وتحقيق الأهداف المنشودة بكفاية وفعالية.

4. تطوير نظام مؤسسي للتحفيز والمسائلة، لغايات مكافأة الأداء المميز والنوعي وتشجيعه، وتعرف الأخطاء ومعالجتها ومساءلة المسؤولين عنها، مع مراعاة الاستمرارية في تطبيق هذا النظام بما يحقق الدافعية والفاعلية في الإنجاز الفردي والمؤسسي.

تطبيقات إدارة الجودة الشاملة في القطاع التربوي:

بالرغم من أن إدارة الجودة الشاملة قد بدأ تطبيقها أولاً في قطاع الإنتاج، إلا أنها أخذت تطبق بشكل واسع في قطاع الخدمات أيضاً. حيث أثبتت فعاليتها ونجاحها الكبير في تحقيق النتائج المرجوة منها في مختلف مؤسسات هذا القطاع، مثل: مؤسسات التأمين، الفنادق، المطاعم، النقل والسفر، الصحة، المؤسسات غير الربحية، البنوك، والمؤسسات التعليمية بمختلف مستوياتها.

إن الاتجاه نحو تطبيق إدارة الجودة الشاملة في القطاع الحكومي يعد حدثاً نسبياً، فقد تزايد مؤخراً الاهتمام بجودة ونوعية الخدمات التي تقدمها الأجهزة الحكومية على مختلف تخصصاتها، حيث أصبحت إدارتها تعنى بالارتقاء بخدماتها إلى المستوى الأفضل الذي يحقق الأهداف المنشودة بشكل أكثر كفاءة وفعالية.

فقد لجأت العديد من هذه الأجهزة الحكومية إلى تبني بعض النماذج الإدارية التي أثبتت فعاليتها ونجاحها في تحسين إنتاجية القطاع الخاص ومنها: إدارة الجودة الشاملة الذي أصبح نموذجاً يحتذى به، ليس في المؤسسات

الصناعية فقط، وإنما في أجهزة القطاع الحكومي في العديد من الدول، ولجأت هذه الأجهزة لهذا النموذج باعتباره يجمع بين الكثير من الأفكار السائدة والحديثة حول ثقافة المؤسسات واستراتيجيات الإدارة، ولاقتناع هذه الأجهزة بان تحسين جودة العمل في المؤسسة يؤدي إلى تحسين إنتاجيتها.

وقد أشارت نتائج البحوث والدراسات إلى أن هذا النموذج قد انتشر في العديد من الدول التي تبحث عن أساليب تحسين الأداء منها: اليابان، وبريطانيا، الولايات المتحدة الأمريكية، وقد لجأت بعض هذه الأجهزة في هذه الدول لاستخدام هذا النموذج لمعالجة القصور في إمكاناتها المالية، ولرفع مستوى الأداء فيها وتطوير إنتاجيتها ومستوى الخدمات التي تقدمها، ولتغيير بعض الاتجاهات التي سيطرت على ثقافتها التنظيمية.

مفهوم إدارة الجودة الشاملة في القطاع التربوي وأبعاده:

وفيما يتعلق بالقطاع التربوي، فهنالك العديد من التعاريف التي تحدد معنى إدارة الجودة الشاملة في هذا السياق، منها ما هو نظري، ومنها ما هو عملي تشكل نتيجة للتطبيق الميداني، نذكر منها على سبيل المثال لا الحصر تعريف (Rhodes، 1992) الذي عرف إدارة الجودة الشاملة في التربية بأنها: عملية إدارية (إستراتيجية إدارية) ترتكز على مجموعة من القيم وتستمد طاقة حركتها من المعلومات التي تتمكن في إطارها من توظيف مواهب العاملين، واستثمار قدراتهم الفكرية في مستويات التنظيم المختلفة، على نحو إبداعي لتحقيق التحسن المستمر في المؤسسة التربوية.

ويمثل تعريف Rhodes إطاراً مرجعياً لتطبيق إدارة الجودة الشاملة في التربية مـن حيث: المدخلات والعمليات، المخرجـات (النـواتج)، ويسـتدعي الالتـزام الفعـلي بتطبيق إدارة الجودة الشاملة في المؤسسة التربوية إعادة النظر في رسالة هذه المؤسسة وأهـدافها وغاياتها وأولوياتها، وسياسات واستراتيجيات عملهـا التربـوي، وأسـاليب التقـويم التربـوي ومعاييره وإجراءاته المتبعة فيها، وتتعدى عملية إعادة النظر ذلك كله إلى تعرف حاجـات المستفيدين بالدرجة الأولى وهم الطلبة، وما هي نوعية التعلم الملائم والإعداد المناسـب لهم لتحقيق حاجاتهم وتلبية رغباتهم الآنية والمستقبلية، إضافة إلى مراعاة وجهـات نظر أولياء الأمور والمعنيين من أفراد المجتمع المحلي وهيئاته.

وفيما يتعلق بالمعلمين والإداريين والعاملين المساندين في المؤسسة التربوية، فلا بـد من إعادة تدريبهم وتطوير مهاراتهم وتجديد كفاياتهم لغايات تحديث أطرهم المرجعية، ليتمكنوا مـن استيعاب فلسفة إدارة الجودة الشاملة ومبادئها وتطبيقاتها في القطاع التربوي، مما يحفزهم على المساهمة في تنفيذ برامجها وأنشطتها.

أما فيما يتعلق بالموارد المالية، وهيكلية التنظيم الإداري القائم وبنيته والإجـراءات المتبعة فيه، فلا بد من إعادة النظر في كيفية توظيف واستثمار المـوارد بكفـاءة وفعاليـة، وإعادة هيكلة التنظيم الإداري للمؤسسة التربويـة عـلى نحـو ينسجم مـع فلسفة إدارة الجودة الشاملة ويتوافق معها.

أما بخصوص المنـاهج الدراسـية، فينبغـي إعادة النظـر في مضامينها ومحتوياتها وغاياتها وأهـدافها لتعرف مـدى توافقها مع متطلبات الحياة المعاصرة ومستجداتها وتقنياتها، ولإدراك درجة تلبيتها لحاجات المستفيدين والمجتمع الذي ينتمون إليه.

أي أن الاهتمام بجودة المناهج الدراسية من حيث: محتواها ووضوح غايتها، وإمكانية تحقيقها وواقعيتها في تلبية رغبات المستفيدين، الطلبة، وأولياء الأمور، والمجتمع المحلي، إلى جانب الاهتمام المماثل بجودة طرق التدريس وأساليبه، ووسائل التقويم التربوي التي ينبغي أن تكون في مقدمة أولوياتها دائماً، العمل على تحقيق التحسين المستمر في عمليتي التعلم والتعليم، بما يؤدي إلى تطوير قدرات الطلبة وكفاياتهم ومهاراتهم على نحو متواصل، بدءاً بسنوات الدراسة الأولى، مما سيجنبنا الهدر الهائل في الموارد المادية والفنية فيما بعد.

إن عملية بناء الجودة في المؤسسة التربوية تستدعي بذل الكثير من الجهد، وتتطلب قدراً هائلاً من الصبر والالتزام، وتحتاج وقتاً طويلاً حتى تعطي نواتج نوعية ملموسة.

ومن أبرز الأسس والمرتكزات التي يؤكد عليها (Glasser 1992) لإنجاز عملية بناء الجودة في المؤسسة التعليمية بنجاح، ما يأتي:

1. إن التربية عملية تتصف بالديمومة والاستمرارية، أي أن عملية التعلم مستمرة مدى الحياة.

2. إن النمط القيادي المتبع ينبغي أن يكون تشاركياً، لنجاح تطبيق برامج إدارة الجودة الشاملة.

3. إن تعزيز التفاهم بين العاملين في المؤسسة ينبغي أن يحظى بالاهتمام والتوجيه.

4. إن معاملة جميع العاملين في المؤسسة التعليمية يجب أن تنطلق من الثقة بهم، وتؤكد على انهم محترفون وماهرون في أداء مهماتهم.

نماذج عملية لاستخدام إدارة الجودة الشاملة في المؤسسة التعليمية:

فيما يتعلق باستخدام نماذج إدارة الجودة الشاملة في القطاع التربوي، فقد بـادرت العديد من المنـاطق التعليميـة (School Districts) في الولايات المتحـدة الأمريكيـة في تجريب وتطبيق أساليب إدارة الجودة الشاملة، لأنها تأخذ باعتبارها رغبـات المسـتفيدين وحاجاتهم، وذلك في المؤسسات التربوية التابعة لها مثل:

1- مدرسة MO. Edgecumbe High School Sitka/Alaska) التـي تعد مـن المدارس الرائدة التي خاضت تجربـة إدارة الجودة الشـاملة حتـى أصبحت مرجعية في تطبيقاتها على المستوى الوطني.

2- مدرسة Redwood Middle School in Napa/California) التـي حظيـت بدعم ورعاية الدكتور Glasser رائد إدارة الجودة الشاملة في التربوية وذلك من خلال مـا يعرف بمشاريع الجودة (Bonstingl Quality Projects, 1992).

3- نمـوذج إدارة الجـودة الشاملة في مـدارس نيوتـاون الحكوميـة (Newtown Oublic School/ Connecticut) قامت منطقة نيوتاون التعليمية في الولايات المتحـدة الأمريكية بتطبيق نموذج إدارة الجودة الشاملة في مدارسها، من خلال بناء نموذج للجودة بالاعتماد على المعطيـات النظريـة والتطبيقيـة لمجموعـة مـن البـاحثين والعلماء في هـذا المجال.

وقد أكد النموذج الذي تم تبنيه على ضرورة التحول الجـذري في وظيفـة المدرسـة والنظام التعليمي الـذي تعمـل في إطاره، فمهمـة المدرسـة أو رسـالتها في هـذا النمـوذج الجديد هي: أن كل الأطفال يستطيعون التعلم، وسوف يتعلمون

جيداً. أي أن كل طالب يلتحق بالمدرسـة لديـه قـدرات غـير محـدودة تمكنـه مـن التعلم، وأنه سوف يتعلم يداً نتيجة لدوافع العلم التي تحفزه داخليـاً، وهـذا هـو جـوهر موضوع الحياة التي يسعى النموذج لتحقيقها، ومن ضمن النواتج المرجوة لتطبيق نموذج إدارة الجودة الشاملة في مدارس نيوتاون الحكومية، أن يحقق كل طالب ما يأتي:

1. القدرة على التعلم الذاتي.

2. القدرة على استيعاب المعرفة وهضم محتويات المنهاج الدراسي.

3. تعلم مهارات صنع القرار، وحل المشكلات، والتفكير الناقد.

4. الاهتمام بالآخرين والعناية بهم.

5. تعرف أهمية تقدير الذات.

إن تحديد الفلسفة التي تؤمن بها المدرسة وتعريفها ونشرها لا يعني شيئاً طالما لم يواكب ذلك توجيه السلوك الفردي والجماعي تجاه تلك الفلسفة وتبنيها على نحو عملي وتطبيقي.

إن نموذج نيوتاون ينظر إلى الطالب باعتباره المستفيد، وإلى عملية التعلم كمنتج، وإلى عملية التعليم كخدمة، وذلك من أجل تحقيق التحسن الـدائم في العمليـة التربويـة بمجملها.

الإطار المرجعي الذي وضعه كوفمان لإدارة الجودة الشاملة الفائقة

Koufman Framework for Total Quality Management Plus

يمكـن الاسـتعانة بهـذا الإطـار لإدارة المؤسسـات التربويـة بأسـلوب إدارة الجـودة الشاملة، وقد اقترح كوفمان (10) خطوات ينبغي إتباعها عنـد تطبيـق إطـاره عـلى نحـو فعال، هي:

- الاستعداد لمواجهة التحديات التي يفرضها التغيير، بالتسـلح بالصـبر والشـجاعة والتفهم.

- توظيف نظام فعال لمتابعة الجودة يسهم في جمع البيانات عن الأداء باستمرار.

- تعريف التصور المثالي لما نريد (الرؤية)، والعمل المفروض إنجازه لتحقيقها.

- تحديد حجم الهوة (الفارق) بين النتائج الحالية، والنتائج المفروض تحقيقها (في ضوء التصور المثالي لما نريد).

- الحصول على اتفاق جماعي من قبل العاملين حول أفضل الطرق والأساليب التي ينبغي إتباعها لتحقيق رضا المستفيدين (الطلبة) وتلبية حاجاتهم، وتحديد كيفية قياس ذلك الرضا في ضوء التصور المثالي لما يريد تحقيقه.

- تعريف النتائج التي تحققت، مع وصف لكيفية قياسها، وربما تشمل تلك النتائج استيعاب المقررات الدراسية وتطور المهارات والمعارف والقدرات والمواقـف لـدى الطلبة.

- تعريف النشاطات التي سوف تحقق تلك النتائج.

- تحديد الموارد المختلفة الضرورية لتحقيق تلك النتائج.
- تحديد ما ينبغي أن يقوم به كل فرد من عمل وما هو المطلوب إنجازه، مع التأكيد على أن الجودة في الأداء هي عملية دائمة.
- الاستمرار في توظيف نظام متابعة الجودة الإحصائي لتزويدنا بالبيانات الضرورية عن مدى التقدم في العمل، والمشكلات والفرص المناسبة، مما يتيح المجال لمراجعة التطبيق وإدخال التعديلات الضرورية لتحقيق التحسن المرغوب.

تجربة مدينة ديترويت في تطبيق نموذج إدارة الجودة الشاملة (Detroits Project):

تبنت منطقة ديترويت التعليمية فلسفة إدارة الجودة الشاملة (TQM) منذ العام الدراسي (1990/1989) على نحو تجريبي في البداية شمل (11) مدرسة، وبعد نجاح التجربة جرى تعميمها على المدارس التي أبدت رغبتها واستعدادها للتحول إلى فلسفة إدارية جديدة، تحمل في آفاقها رؤى واعدة للنهوض بالعملية التربوية برمتها، ويشمل المشروع حالياً أكثر من (45) مدرسة تطبق جميعها مفاهيم وأساليب إدارة الجودة الشاملة، وهذا يفرض عليها الالتزام بما يأتي:

1. إعادة تعريف دورها وأهدافها وواجباتها على نحو يتلاءم مع فلسفة إدارة الجودة الشاملة.
2. تحسين الوضع العام للمدرسة يساعد على نحو يؤهلها لتطبيق استراتيجيات التغيير الأساسية للتحول نحو إدارة الجودة الشاملة.

3. التخطيط لبرامج تدريبية شاملة في الإدارة التربوية للإداريين والمعلمين تعنى بمفاهيم القيادة التشاركية وتطبيقاتها.

4. تبني برنامج لتطوير العاملين وتثقيفهم، وبخاصة فيما يتعلق بمواقفهم وأفكارهم تجاه عملية التغيير.

5. توظيف البحث النظري والتطبيقي واعتباره قاعدة رئيسية تستمد منها البيانات التي يتم في ضوئها إعداد السياسات التعليمية والتخطيط للبرامج التربوية.

وقد جرى إعداد برنامج تدريبي مكثف غايته تدريب الكوادر الإدارية في مدارس ديترويت على أساليب ومفاهيم إدارة الجودة الشاملة، وقد تم تصميم البرنامج بالاعتماد على نتائج البحث العلمي في هذا الميدان، وتألف البرنامج من ثلاث مراحل، هي:

المرحلة الأولى: جرى فيها تدريب مديري المدارس على إدراك مفهوم دورهم الجديد في ظل أساليب الجودة الشاملة.

المرحلة الثانية: جرى فيها تدريب مديري المدارس ومساعديهم على كيفية تنمية وتوظيف مهارات القيادة التشاركية، والتي تطلب منهم التخلي عن الكثير من نفوذهم وسلطاتهم التقليدية.

المرحلة الثالثة: وقد جرى فيها تدريب مكثف لفريق من العاملين في كل مدرسة، مهمته الأساسية الإشراف على عملية التحول في مدارسهم من النمط التقليدي إلى أسلوب إدارة الجودة الشاملة.

بعد عام من التدريب تبين أن المديرين مازالوا بحاجة إلى التدريب في الجانب التطبيقي من القيادة التربوية، فتم إعادة تدريبهم على القيادة التشاركية، وتوظيف آليات إدارة الجودة الشاملة على نحو عملي.

وقد أشارت نتائج المقابلات الميدانية التي أجراها الباحث (أحمد درباس) في العام الدراسي (1993/1992) في ثلاث مدارس تعد نماذج يحتذى بها في التميز في تطبيق أساليب إدارة الجودة الشاملة ومفاهيمها على المستويين المحلي والوطني وهي مدارس: (Mann Elementary School, Webber Middle School, Denby High School) والتي تمثل المراحل التعليمية المختلفة: الابتدائية والمتوسطة والثانوية، أشارت المقابلات التي أجراها الباحث مع مديري هذه المدارس إلى نقاط عدة، تم التركيز عليها أثناء تطبيق مفاهيم إدارة الجودة الشاملة وأساليبها في هذه المدارس، وهي:

1. الاهتمام بالدوافع الداخلية لدى الطلبة والمعلمين والعاملين في المدرسة على حد سواء، إذ يولد الدافع لدى الناس الغربة في التعلم والنمو، وواجب المدرسة العناية بذلك.
2. الاهتمام بالعمليات، أي تكوين الأطر التربوية وتطويرها ومساندتها وتوفير بيئة عمل داعمة تساهم في أداء العمل بشكل أفضل وتحقيق النواتج المنشودة.
3. التأكيد على التقويم المستمر من أجل تحسين نوعية العمل، أي الاهتمام بالعمليات وليس بالنتائج فقط، مع تحسين طرق التعليم والتعلم ووسائلهما، والعناية بالتقويم التكويني لكل عمل يقوم به الطلبة والتفهم الشامل للفروق الفردية فيما بينهم.
4. التحول إلى اللامركزية في إدارة المدارس والعمل من خلال القيادة التشاركية فصناعة القرار مسؤولية الجميع في المدرسة.

معوقات تطبيق إدارة الجودة الشاملة في القطاع التربوي:

تطبيق مفاهيم وأساليب إدارة الجودة الشاملة في القطاع التربوي قد واجه بعض المعوقات التي يمكن التغلب عليها بالإرادة الجادة، والقيادة القوية القادرة على التحول إلى منحى إدارة الجودة والقيادة على المدى البعيد، ومن هذه المعوقات:

ضعف بنية نظم المعلومات في القطاع التربوي في الدول العربية، مع أن البيانات هي بمثابة الجهاز العصبي لنموذج إدارة الجودة الشاملة، لذا ينبغي السعي لتطوير أنظمة معلوماتية فعالة تسعى لتوفير المعلومة على نحو دقيق وسريع وتعتمد على التقنيات الحديثة في نقل المعلومة وتداولها وتوصيلها إلى صانعي القرار التربوي في الوقت المناسب.

نقص الكوادر التدريبية المؤهلة في ميدان تطبيق إدارة الجودة الشاملة في القطاع التربوي، لذا فإن التدريب يشكل ركيزة أساسية في نموذج إدارة الجودة الشاملة قبل عملية التطبيق وأثنائها.

المركزية في رسم السياسة التربوية وصنع القرار التربوي، إذ تتطلب إدارة الجودة الشاملة اللامركزية في صياغة السياسات واتخاذ القرارات، كما تعتمد على البيانات والمعلومات الصادرة عن القاعدة أي العاملين في الميدان (المعلمين)، والمستفيدين (الطلبة وأولياء الأمور والمجتمع المحلي)، والذين يشكلون مصادر رئيسة للبيانات إلى جانب قواعد المعلومات، مما يساهم في بلورة السياسات واتخاذ القرارات المناسبة.

توصيات ومقترحات عامة للتغلب على المعوقات:

لنجاح تطبيق إدارة الجودة الشاملة في القطاع التربوي يمكن العمل على ما يلي:

تأسيس نظم معلوماتية وأوعية حفظ فعالة توظف التقنيات الحديثة ووسائط الاتصالات المتطورة، التي تتيح لصانعي القرار والعاملين في المؤسسات التربوية إمكانية الحصول على البيانات الضرورية لتطبيق هذا النموذج الذي يعتمد على المعلومة السريعة والدقيقة.

إعداد الكوادر التدريبية المؤهلة، عن طريق دورات مكثفة تعقد لغرض تأهيل هذه الكوادر وتدريبها على تطبيقات نموذج إدارة الجودة الشاملة، لتصبح فيما بعد نواة للأجهزة التدريبية التي ستقوم بتدريب العاملين في المؤسسات التعليمية المختلفة.

التوسع في تفويض الصلاحيات والمسؤوليات للمناطق التعليمية في الميدان، وإبقاء الدور الإشرافي والتوجيهي للوزارة/ المركز.

تصميم برامج لإدارة الجودة الشاملة تتوافق مع البيئة العربية من حيث: قيمها، ومعتقداتها، وتقاليدها، وعاداتها.

إنشاء وحدات تعنى بأمور الجودة وإلحاقها بإدارات التعليم في الميدان تكون مهمتها الرئيسة الإشراف على تطبيق أساليب إدارة الجودة الشاملة، وتقديم المساعدة الفنية لغايات تحقيق أهدافها.

إعادة النظر في أساليب التقويم التربوي ووسائله، للوصول إلى وسائل لا يهمها التصنيف بقدر ما يهمها تحقيق التحسن المستمر والجودة النوعية في الأداء.

ضرورة تعرف حاجات ورغبات المستفيدين من خدمات القطاع التربوي: الطلبة، وأولياء الأمور، والمجتمع، وبذل الجهود لتلبيتها على نحو يحقق الرضا والارتياح.

إعادة صياغة الإطار الفكري للعمل التربوي لتغدو المدارس مؤسسات تربوية لا تعتمد على عملية ضخ المعارف وحشوها في أذهان الطلبة فقط، بل تتعدى ذلك إلى شحن الطاقات الفكرية والقدرات الإبداعية لديهم وتنميتها.

إعادة تعريف مفاهيم القيادة التربوية والأطر التي تعمل المدارس والمؤسسات التربوية في ضوئها، قبل البدء بتطبيق مفاهيم وأساليب إدارة الجودة الشاملة.

إدارة التغيير في المؤسسة

يعد مفهوم إدارة التغيير من المفاهيم الإدارية الحديثة، التي نشأت وتطورت خلال العقدين الأخيرين من القرن العشرين، وهي ما تزال في طور البناء والتبلور، حيث تدفع لنا المطابع كل يوم إضافة جديدة لهذا المفهوم من خلال بحث أو كتاب، في الشرق والغرب.

ويأتي الاهتمام بإدارة التغيير باعتبارها أداة لتقنين التغييرات العشوائية الناشئة عن رغبات فردية وأهواء شخصية، لذلك كانت إدارة التغيير باعتبارها عملاً مستمراً يهدف لزيادة قدرة المنظمة على إدخال التغييرات، وحل المشكلات الناجمة عنها، والتخفيف من مقاومة الفئات المناهضة للتغير.

والتغيير الإداري ليس ضرباً من الممارسات الإدارية يلجأ إليه المدير الجديد لإحداث أثر يميزه عن سابقه، بل هو ضرورة تحتمها طبيعة الحياة، التي

تتسم بالحركة، والتي بدورها تنعكس على التنظيم الذي لا بـد أن يتجاوب معهـا ويتكيف مع آثارها، إن أراد الاستمرار والتطور، وإلا كانت النتيجة الجمود والاضمحلال.

ومن أمثلة التغييرات الخارجية المؤثرة في التنظيم ما يأتي:

التطور في التقنية كالحاسوب الآلي وأجهزة الاتصالات، وتبـديل وجهـة نظـر النـاس وتوقعاتهم، وزيادة عدد السكان، والتغير في الذوق العام والنفسيات، سواء داخل التنظيم أو خارجه، وهي كلها عوامل تدفع التنظيم نحو التغيير.

القوى المؤثرة في إدارة التغيير:

ويعدد أحد الباحثين القوى المؤثرة في إدارة التغيير على النحو الآتي:

1. الفرد:

باعتباره يميل بفطرته إلى مقاومة كل مـا لم يألفه، حيث يشعر الفـرد بالخطر والخوف تجاه كل ما يهدد ثبات دوره واستقراره.

2. البناء التنظيمي:

فالبيروقراطية، باعتبارها من القوى الكبرى المقاومة للتغيير تتشبث بالنظام الإداري الهرمي، وحرفية علاقات الدور والسلطة، وتقديس القوانين والأنظمـة، بغـض النظر عـن مدى فاعليتها في تحقيق الأهداف المتوخاة منها، وعلى العكس مـن ذلك هنـاك الأنظمـة التي ترنو إلى المشاركة الفاعلة وتتسم بتفويض الصلاحيات، حيث أنها تتيح قـدراً كبيراً ومجالاً واسعاً لإحداث التغيير.

3. البيئة:

بما تشمله من تقنية واقتصاد وسياسة وأيديولوجية وثقافة وعلاقات، تؤثر سلباً أو إيجاباً في التغيير.

وهذه القوى المؤثرة يمكن اعتبارها مداخل للتغيير، إذ يمكن إحداث التغيير في المؤسسة من تعليم وتدريب الأفراد، وتبديل الاتجاهات التي تنتج عن تحسين المهارات وتقديم الحوافز، باعتبار أن سلوك الفرد في المؤسسة يتحدد بسلوك جميع أعضاء المؤسسة، كما أن سلوك العاملين يتحدد بالخصائص العامة للمؤسسة فيتم تعديل الممارسات التنظيمية والإجراءات والسياسات التي تؤثر في العاملين، مما ينتج عنه إيجاد ظروف مناسبة وإعطاء حوافز تكفل نجاح عملية التغيير، ومن ثم الوصول إلى الأهداف.

4. البيئة المؤسسية والعلاقات:

أما في ما يتعلق بالبيئة المؤسسية والعلاقات، فإن سلوك العاملين يتحدد من خلال مراعاة العواطف والمشاعر، والحث على العمل الجماعي، مما يؤدي إلى ترابط العلاقات بين العاملين، حيث يمكن بعد ذلك إدراكهم لأهمية مراعاتهم شعور الآخرين وأحاسيسهم، وتعلم طرق جديدة لمواجهة المواقف المختلفة مما ينتج عنه إيجاد مناخ عمل يتسم بالثقة المتبادلة، فينعكس ذلك على أداء المؤسسة وفاعليتها.

مراحل التغيير:

قدم العديد من الباحثين آراء وأساليب للتغيير تتفق في جوهرها وتختلف في مظهرها وعددها، ومن أشهر من قدم ذلك ريجل.

مصادر التغيير:

سواء المصادر الخارجيـة التي تحـدث في مجالات التقنيـة، والسياسـة، والاقتصاد، والقـانون، ومتطلبـات المجتمـع، أو المصـادر الداخليـة في المؤسسـة، كالمنـاخ التنظيمي، والهيكل الإداري، والعلاقات السائدة بين الموظفين أو طرق الاتصال.

تقدير الحاجة للتغيير في المؤسسة:

يجب تقدير الفجوة التي تفصل بين موقع المنظمة الحالي، وما تريد أن تصل إليـه، ومعرفة ما هو كائن في المؤسسة وما يجب أن تكون عليه.

تشخيص مشكلات المؤسسة:

يجب علـى الجهة المسئولة عـن إدارة التغيـير تشخيص المشكلات التي تتعلـق بأساليب العمل والتنبيه المستخدمة، والروح المعنوية للموظفين، وتناوب العمل بينهم ونسبة الغياب، وذلك مـن خـلال طرح عـدة أسـئلة مثـل: مـا المشكلات التي يجب تصحيحها؟ وما محددات تلك المشكلات؟ وما النـواحي التي يجب أن تتغير ليتم حل المشكلات؟ وما القوى التي يمكن أن تساعد أو تعيق التغيير وما الأهداف التي ترمي إليها من التغيير وكيف نقيسها؟

التغلب على مقاومة التغيير

يقاوم الأفراد التغيير لأسباب كثيرة، منها:

- الخوف من الخسارة المادية أو فقد السلطة.

- الخشية من المستويات المرتفعة الجديدة للأداء.

- سوء فهم آثار التغيير.

- صعوبة متطلبات توفير أنماط وعلاقات جديدة.

- الإحساس بالاستغلال والإجبار على التغيير.

- التعود على تصريف العمل بطريقة معينة.

- الخوف من معايير ومستويات معينة تفرضها المجموعة.

تخطيط جهود التغيير:

ويتم ذلك من خلال توضيح أهداف التغيير بدقة، وبطريقة يمكن قياس مدى جدواها والعمل بها.

وضع إستراتيجية التغيير:

وهذا يختص بالتغيير المراد إدخاله، فإذا كان يتعلق بمهمات المنظمة أو المؤسسة، فيمكن إحداث تغييرات في طبيعة المهمات والأعمال، وإعادة تصميم الوظائف والإثراء الوظيفي، أو تنمية فرق العمل أو الإدارة بالأهداف.

أما فيما يتعلق بالهيكل التنظيمي، فيمكن إحداث التغيير عن طريق إعادة توصيف الوظائف أو تغيير الصلاحيات والمسؤوليات، أو تغيير قنوات الاتصال، أو تغيير الهيكل التنظيمي، أو إعادة توزيع الاختصاصات.

تنفيذ الخطة:

ويكون ذلك من خلال مدة زمنية محددة، ومن ثم متابعتها، وإجراء أية تعديلات تظهر الحاجة إلى إحداثها في أثناء التنفيذ.

التغلب على مقاومة التغيير في المؤسسة:

هناك العديد من الوسائل ذات المستويات المتدرجة، التي تستخدم للتغلب على مقاومة التغيير في المؤسسة، وهي ليست بدائل لبعضها بعضاً، بحيث تتاح

الفرصة للمدير لكي يفاضل بينها، بل هي طرق تتناسب مع مواقف وحالات معينة، ومن هذه الطرق:

1. التعليم والاتصال:

حيث يتم مناقشة الأفكار والمسائل المطروحة بصراحة ووضوح مع العاملين ليدركوا مبررات التغيير والحاجة إليه، مما يؤدي لاقتناع الأفراد بالتغيير وتخفيف مقاومتهم له.

2. المشاركة:

وذلك بإتاحة الفرصة للمشاركة في تخطيط التغيير وتنفيذه، مما يشعر العاملين بملكية التغيير وأنه نابع منه وغير مفروض عليه، وتتطلب المشاركة من المديرين فتح قنوات الاتصال بالعاملين والتعرف إلى أفكارهم واقتراحاهم.

3. التسهيل والدعم:

بالرغم من بساطة هذه الطريقة إلا أنها تحقق نتائج جيدة في التغلب على مقومة التغيير وتتمثل في توفير الدعم والانصات لما يقوله الآخرون وتوفير فرص للتدريب بصقل المهارات واختيار الوقت المناسب للتنفيذ.

4. التفاوض والاتفاق:

حيث يتم توفير حوافز للعاملين لمواكبة التغيير، فمن الممكن الاتفاق مع العاملين على زيادة الرواتب وميزات التقاعد، أو توفير العناية الطبية مقابل تغيير أحد القوانين. ومن الأهمية بمكان إشعار العاملين بالمكاسب التي يمكن أن تتحقق لهم من إجراء التغيير.

5. المناورة والاستقطاب:

في هذه الطريقة يستخدم المدير طرقاً خفية للتأثير بصورة انتقائية، أو برمجة

النشاطات بشكل مسبق، أو إسناد أدوار رئيسة في تخطيط التغيير أو تنفيذه لأفراد محددين يؤثرون في باقي المجموعة كما يمكن المناورة عن طريق تقديم معلومات انتقائية مختارة لتوفير أوضاع تجعل من التغيير أمراً مرغوباً، وليتم تقديم التغيير المراد تنفيذه على مراحل متدرجة ومتسلسلة لزيادة قدرة العاملين على التكيف مع الظروف الجديدة.

6. **الترهيب الصريح أو الضمني:**

من الممكن اللجوء لهذه الطريقة كحل نهائي وملاذ أخير، حيث يضطر المدير إلى تهديد العاملين بأن استمرار مقاومتهم للتغيير قد يؤدي بهم إلى فقدان وظائفهم، أو تقليل فرص ترقيتهم، وأكثر ما يستخدم هذا الأسلوب في المجال السياسي.

ولا شك أن إدارة التغيير ضرورة بالغة، فكثيراً ما تتخذ قرارات صائبة ولكنها عند التطبيق العملي تتعثر، ولا تحقق ما وضعت لأجله لينعكس هذا الفشل على المؤسسة بكاملها ولتجنب هذا الموقف تسعى إدارة التغيير إلى تفعيل القرارات الإدارية من خلال فهم القوى المؤثرة في التغيير ومراحل التغيير وطرق التغلب على مقاومة التغيير.

يبين هذا الجدول ميزات أساليب التغيير وعيوبها والمواقف التي تستخدم فيها:

الأسلوب	المواقف التي تستخدم فيها	الميزات	العيوب
التعليم والتبليغ	حينما لا تتوافر المعلومات أو عندما تكون المعلومات غير دقيقة	حالما يقتنع الناس بالتغيير فإنهم سيساعدون في تنفيذه	تستغرق وقتاً طويلاً خصوصاً إذا كان عدد الأفراد كبيراً

المشاركة في الإدارة وصياغة التغيير	عندما لا تتوفر عند المبادرين بالتغيير كل المعلومات التي يحتاجونها لتخطيط التغيير، ويكون للآخرين قوة كبيرة للمقاومة	سيكون المشاركون ملتزمين بتنفيذ التغيير، وسيتم الاستفادة من معلومات الأفراد	من الممكن أن يكون مضيعة للوقت إذا قام المشاركون بتخطيط تغيير لا يتلاءم مع الحاجة
التسهيل والدعم	المواقف التي يقاوم فيها التغيير بسبب مشكلات التكيف	يستخدم عندما لا يوجد أسلوب أفضل لمعالجة مشكلات التكيف ومتى اطمأن المستهدفون بالتغيير إلى جدية الوعد وكفاية الدعم تقل المقاومة	مكلف خاصة في الحالات التي يتجه فيها الآخرون إلى التفاوض للمواكبة والمسايرة.
المناورة والاستقطاب	حينما تفشل الوسائل الأخرى أو تكون عالية التكلفة	ممكن أن يكون حلاً عاماً غير مكلف نسبياً لمشكلات مقومات التغيير	يحدث مشكلات في المستقبل عندما يظن الناس أنهم مستغلون أو مستهدفون بالمقاومة
الترهيب الصريح أو الضمني	عندما تكون هنالك حاجة للإسراع بالتغيير، وتتوفر للأشخاص الذين يسعون للتغيير سلطة واسعة ومركز تنظيمي مؤثر	سريع ويمكن التغلب على أي نوع من أنواع المقاومة ويتيح ردع مقاومين آخرين محتملين	أسلوب تحفه المخاطر إذا ما أدى إلى ثورة الناس على من يبادر بالتغيير وربما تفقد الإدارة كفاءات بشرية

نحو تطوير الأداء في مدرسة متميزة

شهد العقدان الماضيان اتجاهاً جديداً نحو ما يمكن تسميته بالمساءلة التربوية، إذ قامت المدرسة ممثلة بقائدها التربوي بإجراء مساءلة شاملة، باستخدام وسائل وأساليب لم تكن معهودة من قبل، وقد نشأ عن هذه المساءلة تعزيز لروح التنافس، مما أدى إلى تهيئة مناخ تنافسي ــ أعطى فرصة للمدارس المتميزة أن تزدهر وتنتشر ــ وللمدارس الضعيفة أن تذوي وتندثر.

لقد أدى نشر نتائج الاختبارات في الصحافة وغيرها من وسائل النشر ــ إلى ظهور جداول موحدة، يسهل من خلالها مقارنة أداء المدارس المختلفة ولكن بأساليب غير فاعلة قد تؤدي إلى إساءة فهمها، إذ أنها تقتصر المقارنة بين المدارس على نتيجة واحدة، وهي العلامة المدرسية، لأنهم يعدونها من أوضح المؤشرات على التحصيل الدراسي، فنتائج الاختبارات ومعدلات الحضور بالإضافة إلى معدلات الاستمرار في الدراسة تقدم تقييماً معقولاً للأداء يمكن أن يقدم هذا التقييم تغذية راجعة لمناقشة كفاءة المدرسة حينما ينظر إليها من خلال معلومات كافية حولها، وبالرغم من أن هذه المعلومات كلها لا تقدم صورة حقيقية عن واقع المدرسة ولا عن المكان الذي تحتله من حيث الجودة، إلا أنه من جهة أخرى يمكن الإفادة من هذه المعلومات في إعادة تقييم المدرسة من أجل تحسين أدائها مستقبلاً.

يجمع الباحثون على أن هناك عوامل أكثر أهمية من المعلومات الأولية التي تتناول المدخلات والمخرجات بأسلوب سطحي، لا يميز بين المدرسة والمصنع، هذه العوامل المشتركة بين المدارس المتميزة تسهم إلى حد كبير في إحراز نجاح أكاديمي من قبل الطلبة، حينما تأخذ المدرسة بعين الاهتمام قضايا الخلفية الأسرية للطالب، بالإضافة إلى مواهبه وقدراته.

التعليم في المدارس المتميزة:

تمتاز هذه المدارس عن غيرها بالآتي:

1. لدى المدرسة قائمة بالأهداف العامة والمعلومة الواضحة بشكل جيد لكل من المعلمين والطلبة على حد سواء، تم وضعها على أساس من الاعتقاد أن كل فرد في المدرسة يستحق الاحترام، وأن لديه القدرة على أن يقدم شيئاً نافعاً للمدرسة.

2. تعزيز جو من الثقة والاحترام المتبادل، وذلك من خلال الاتصال المفتوح بين كل من المعلم والطالب.

3. لدى المعلمين تقدير كبير للتعلم وقناعة أصيلة بقدرة الطلبة على التحصيل المرضي، كما أن لدى كل من المدير والمعلمين والطلبة طموحات عالية في تحصيل إنجاز متميز.

4. تمتع الجو المدرسي بنظام جيد، يتم تحقيقه من خلال تطبيق الأنظمة والمبادئ التي يتفق عليها الجميع ويحترمها.

5. البيئة التعليمية التعلمية بيئة إيجابية محفزة على الإبداع ومحببة للطلبة.

6. يستثمر المعلمون نسبة كبيرة من وقت الحصة لإحداث تعلم نوعي، ويمضون وقتاً قصيراً في الأمور الإدارية التنظيمية. تبدأ الحصة وتنتهي في الوقت المحدد.

7. ينوع المعلم في أساليبه التعليمية، ويطلع على كل ما هو جديد لكي يستطيع نقل المعلومة للطلبة بيسر ومتعة، كما يعطي المعلم اهتماماً متوازناً للطلبة مجموعات وأفراداً.

8. يحصل الطلبة وبشكل مستمر على التغذية الراجعة بما يخص أدائهم، كما

يتم إطلاعهم على الأهداف المرتجى منهم تحقيقها.

9. يقوم المعلمون بمتابعة الواجب البيتي وتصحيحه بانتظام.

10. يحرص المعلمون على أن يلبي المنهاج المدرسي حاجات الطلبة الآنية والمستقبلية.

القيادة في المدارس المتميزة:

1. يبدي مدير المدرسة اهتماماً بارزاً بنوعية الخبرة التعليمية داخل غرفة الصف، إذ يكون على وعي تام بما يجري داخل الغرفة الصفية، وذلك من خلال صرف وقت طويل في مشاهدة المواقف الصفية، ويعي الطلبة جيداً هذا الدور الذي يقوم به مدير المدرسة.

2. يكون مدير المدرسة على وعي تام باحتياجات الهيئة التدريسية، ويقدم لهم تغذية راجعة مستمرة حول أدائهم، ويرشدهم إلى كيفية تنمية أنفسهم، ويعزز ذلك من خلال صرف وقت طويل في مشاهدة المواقف الصفية، ويعي الطلبة جيداً هذا الدور الذي يقوم به مدير المدرسة.

3. يقوم المدير بتفويض الصلاحيات لزملائه ويشعرهم بثقته بأدائهم.

4. يدير المدرسة بجد ومثابرة ويكون عادلاً متصفاً بالمرونة، ويقوم بانتظام بالمراجعة والدراسة والتحليل لاحتياجات المدرسة المادية والبشرية، ليضمن بذلك تحسيناً في نوعية التعليم.

5. يمتاز المدير بروح المغامرة ويثق المعلمون بقدراته ومعرفته، لذا يتعاون الجميع لما فيه تحقيق مصلحة الطالب.

6. يتمتع المدير بقيادة إيجابية بناءة، ويتعاون مع المعنيين لوضع الخطط المدرسة التطويرية، مما يحقق تضافراً في الجهود لتحقيق الأهداف.

إدارة الفعالية:

توصل الباحثون لوضع بعض المبادئ التي يمكن أن تعتمد لزيادة فعالية المدرسة:

1. البرامج التي تهدف إلى تحسين أداء المدرسة يجب أن تكون نابعة من المدرسة ومركزة عليها، كما يجب أن تنظر إلى المدرسة بشمولية.
2. يجب ألا يقتصر التغيير على الأمور الشكلية والتنظيمية فحسب، وإنما يجب أن يأخذ بعين الاهتمام قضايا أكثر أهمية، كالاتجاهات والمشاعر والعلاقات الإنسانية بين أعضاء الهيئة التدريسية.
3. يجب أن يحصل التغيير نتيجة للمراجعة الموضوعية والتقييم الجاد للمدرسة، لما يقدم ذلك من معلومات موضوعية يمكن البناء عليها.
4. التغيير في القضايا التنظيمية ينبغي أن يقترن بتطوير للأساليب التعليمية، وتحسين في المناهج التعليمية، حتى يكون مقنعاً ومرضياً في آن واحد للهيئات التدريسية.
5. عملية التغيير ينبغي أن تكون بعيدة المدى وتمر في المراحل الآتية: مراجعة، تحسين، تقييم، تحسين أكثر وبصورة مستمرة.

إدارة العلاقات العامة في التربية

صدر حديثاً كتاب جديد بعنوان " إدارة العلاقات العامة في التربية " يبحث في سبل تحقيق التربية لأهدافها وفلسفتها، عن طريق نشاطات العلاقات العامة التربوية، إذ أن العلاقات العامة في التربية كمهنة أو وظيفة إدارية أصبح لها دور في المساعدة على تحقيق أهداف التربية وفلسفتها.

ودخلت في مجال التربية لتشكل رافداً إضافياً، بجانب تخصصات التربية الأخرى، كالإرشاد والإدارة التربوية والتوجيه، ولتعمل جميعها على تحقيق أهداف التربية والتعليم بشكل إيجابي خاصة وأننا نرى أن جل اهتمام الإدارة والمعلمين قد انصب على المناهج المدرسية، وزيادة التحصيل الدراسي على حساب الأهداف والفلسفة التربوية المرسومة.

ويرى المؤلف أن موضوع العلاقات العامة في التربية هو حديث نسبياً، ظهر عندما أخذت الإدارات التربوية تولي موضوع الديمقراطية، وكسب رضا العاملين، وثقتهم، مطالبهم، وتعاونهم مع الإدارة عناية خاصة فأخذت تنشئ أقساماً للعلاقات العامة في مديريات التربية والتعليم، من أجل إقناع المجتمع الداخلي والخارجي للتربية ببرامجها وخططها، وأبرزها على سبيل المثال: خطة التطوير التربوي التي عمد الأردن إلى تطبيقها منذ عام 1987م، ليتم العمل بها عن قابلية وإقناع، كما أصبح ينظر للعلاقات العامة على أنها وظيفة إدارية ومهنية متخصصة في مديرية التربية والتعليم، تساعد في تكوين الاتصال الفعال والفهم المتبادل، والتعاون المشترك بين إدارة المؤسسة التربوية، ومجتمعها الداخلي المتمثل بالمعلمين والعاملين والطلبة، ومجتمعها الخارجي المتمثل بالمجتمع المحلي والوطني والمؤسسات والمنظمات المحلية والدولية.

وقد جاء الكتاب في ستة أبواب، تناولت موضوع العلاقات العامة في التربية، يمكن إيجاز مضامينها في ما يأتي:

الباب الأول: التعريف بمبادئ العلاقات العامة:

واشتمل على ثلاثة فصول هي:

■ تعريف العلاقات العامة.

■ صلة العلاقات العامة بالمجتمع.

■ العلاقات العامة والنظم الإنسانية.

يتحدث هذا الباب عن نشأة العلاقات العامة وازدياد أهميتها خلال الخمسين عاماً الماضية، عندما أخذت ممارستها تزداد يوماً بعد يوم، في مختلف المؤسسات والدوائر الحكومية والتربوية، وأخذ معناها يتضح لمعظم العاملين في الإدارة كأحد فروع العلوم الاجتماعية والتربوية وكأحد الأقسام الإدارية التي يضمها الهيكل التنظيمي في أية مؤسسة، ليصار إلى زيادة فاعلية العمل وسمعة المؤسسة على المستويين: الداخلي والخارجي، تجاه العاملين وتجاه المتعاملين مع المؤسسة والبيئة الموجودة فيها.

كما تم توضيح مفهوم العلاقات العامة بأنه مجموعة الوسائل التي تستخدمها المنظمة لتوفير جو من الثقة لدى الموظفين والعاملين والهيئات المتصلة بها، ومجتمعها الخارجي بوجه عام، في سبيل مساندة نشاطها وتسهيل تقدمها، في جو من النزاهة والحقيقة، عن طريق نقل المعلومات والآراء من المؤسسة إلى مجتمعها ومن المجتمع إلى المؤسسة مع بذل جهود صادقة لجعل هذا المجتمع يهتم بالمؤسسة وينسجم معها، أي أن العلاقات العامة هي طريقة للسلوك، وأسلوب للإعلام والاتصال يهدف إلى إقامة علاقات من الثقة والمحافظة عليها بين المنظمة والفئات المختلفة من الأفراد داخل المنظمة وخارجها التي تتأثر بنشاط تلك المنظمة فهي إذن فلسفة اجتماعية للإدارة، تعبر عنها بشكل سياسات وأعمال تهدف إلى ضمان الثقة والتفاهم المتبادل.

كما وضح الكتاب العناصر الأساسية التي تشكل بمجموعها مصطلح العلاقات العامة، والتي يمكن إجمالها على النحو التالي:

أ- سياسات وأعمال (وظيفة إدارية) ثم اتصال وإعلام بمعنى الإخبار.

ب- نشاط يهدف إلى خدمة المصلحة العامة لمجتمع المؤسسة أولاً ثم مصلحة المؤسسة.

ج- اتصال باتجاهين: من المؤسسة إلى مجتمعها بشكل نشاطات اتصالية، ومن المجتمع إلى المؤسسة بشكل قياسي وتقييم الرأي العام لمجتمع المؤسسة.

د- إنها نشاط مستمر يشمل المؤسسات الحكومية والخاصة، ويعتمد الأسس العلمية والبحث العلمي.

الباب الثاني: العلاقات العامة والتربية:

واشتمل على ثلاثة فصول هي:

1. مفهوم التربية.

2. الإرشاد التربوي والعلاقات العامة.

3. موقع العلاقات العامة في التربية.

ووضح هذا الباب دور العلاقات في العملية التربوية وماهية هذا الدور وأوجه التشابه فيما بينهما، إذ تبين أن كلتيهما عملية اتصال وتواصل تخص النوع الإنساني، إلا أنه في الوقت نفسه أشار إلى بعض أوجه الاختلاف، عندما بيّن أن التربية تهتم بحاجات الطالب ورغباته، وتنمي شخصية الطالب وقدراته وتحقق أهدافها من خلال التعليم المباشر، وهي عملية شاملة تضم المدرسة والأسرة والمجتمع، هدفها تحقيق التلاؤم بين الفرد والبيئة وتكوين علاقات تفاهم وانسجام داخل المجتمع المدرسي، وتعتمد الصدق والتكامل في تقديم المعلومات ونماذج السلوك للطالب، وتأخذ نتائج نظريات علم النفس والتربية،

في حين أن العلاقات العامة تهتم بحاجات العاملين والمتعاملين مع المؤسسة ورغباتهم، وتنمي السلوك الإيجابي لدى الفرد، وتحقق أهدافها من خلال نشاطاتها، وهي عملية شاملة تضم مجتمع المؤسسة الداخلي والخارجي، وتربط العاملين بعلاقات وطيدة، وتوفر روح التفاهم فيما بينهم، كما توثق التعاون بين الإدارة والعاملين والمتعاملين من المجتمع الخارجي، وتعتمد الصدق والتكامل في تقديم المعلومات عن المؤسسة للمجتمع وتستمد نتائجها من خلال البحث العلمي الميداني والمكتبي المنظم.

كما ربط الباحث بين الإرشاد التربوي والعلاقات العامة، عندما بين أنه يجب على المتخصص فيهما أن يتحلى بصفات مثل: الجاذبية، وقوة الشخصية، واللباقة، وحب الاستطلاع، والاتزان والاستقامة، والموضوعية، والمثابرة، والنشاط الدائم، والقدرة على المهارات الاتصالية.

الباب الثالث: العلاقات العامة المدرسية:

واشتمل على ثلاثة فصول هي:

6. دور العلاقات العامة في المدرسة.

7. معوقات العلاقات العامة المدرسية.

8. نشاطات العلاقات العامة المدرسية.

تحدث الكتاب عن ضرورة وضع منهج للعلاقات العامة المدرسية ووضع إطار لتخطيطه، يتضمن مبادئ القيم، والمعرفة، والمهارات، وصدق الحكم، كما تحدث عن مدير المدرسة والعلاقات العامة، والتدريس كوسيلة لإرشاد الجماعة، والتدريس والعلاقات العامة.

وتناول أيضاً مواضيع مثل، معوقات العلاقات العامة المدرسية، الاجتماعات المدرسية والعلاقات العامة، مجالس الآباء والعلاقات العامة المدرسية، وبين أنواع نشاطات العلاقات العامة المدرسية، كالنشاط الاجتماعي، والرحلات المدرسية، واللجان المدرسية، والخدمة العامة، والنشاط الثقافي والأندية الصيفية.

الباب الرابع: الصحافة المدرسية كبرنامج علاقات عامة:

واشتمل على ثلاثة فصول أيضاً، هي:

1. أهداف الصحافة المدرسية.

2. أهمية إصدار الصحف المدرسية.

3. الإذاعة المدرسية.

تعد الصحافة المدرسية إحدى أهم الوسائل التي تسهم في تحقيق أهداف العلاقات العامة في التربية، وخدمة المصلحة العامة للطلبة، من خلال تدريبهم وإعدادهم لتقبل قيم وأفكار ومهارات جديدة، تساعدهم على النجاح في تحقيق الأهداف العامة والخاصة للمؤسسة التربوية، كما تسعى الصحافة المدرسية إلى استخدام أدوات الاتصال والإعلام والبحوث العلمية لتحقيق التعاون والترابط بين الطلبة أنفسهم وبين الطلبة والمجتمع المحلي، وعرض الكتاب هنا الأهداف العامة والخاصة للصحافة المدرسية، وبين كيف أنها تتناسق مع أهداف العلاقات العامة المدرسية وتتكامل مع أهداف التربية والتعليم وفلسفتها، من حيث إثارة القدرات الفكرية لدى الطلبة وتدريبهم على جمع المعلومات، وعلى التعاون والعمل الجماعي، وترسيخ القيم الدينية والاجتماعية لديهم.

كما بين حجم المسؤولية الملقاة على مشرف الصحافة في المدرسة سواء في مجال التوعية والعمل مع الجماعات الصحفية أم في مجال المساهمة في تنمية ميول الطلبة وقدراتهم ومواهبهم وتدريبهم على الإخراج الصحفي وإصدار الصحف المدرسية.

أما الإذاعة المدرسية، فقد بين الكتاب أن هناك ثلاثة أشكال لها: الإذاعة العامة، والإذاعة التعليمية، والإذاعة المدرسية الداخلية، وحتى تستطيع الإذاعة المدرسية أن تقوم بدورها في العملية التربوية وفي تعزيز القيم والسلوكات والأهداف المرفقة للمنهاج، ينبغي استثمارها استثماراً فعالاً من خلال توعية القائمين على العملية التربوية بمعايير الاستخدام الفعال لها، حتى تتمكن من تحقيق أهدافها المتمثلة في تعزيز العلاقة بين المدرسة والطلبة والمعلمين والمجتمع المحلي، وتنمية هوايات الطلبة ومواهبهم ومهاراتهم المختلفة.

الباب الخامس: التخطيط للعلاقات العامة في التربية:

إذ احتوى ثلاثة فصول، هي:

1. مفهوم التخطيط.

2. خطة العلاقات العامة.

3. أسلوب تحليل النظم والعلاقات العامة.

تقدم التخطيط في التربية بعد تطور طرق توفير البيانات والإحصاءات اللازمة الصحيحة والدقيقة للخطط التربوية، وهو أسلوب للتفكير في المستقبل واستعراض احتياجاته ومتطلباته وظروفه، من أجل ضبط الإجراءات الحاضرة بما يكفل تحقيق الأهداف المقررة، فهو تحديد مسبق لما سيتم عمله، كونه عملية

منظمة واعية لاختيار أحسن الحلول الممكنة للوصول إلى أهداف معينة.

وكلما تقدمت العلاقات العامة في التربية واعتمدت الأساس العلمي والبحوث والدراسات زادت درجة الاهتمام بالتخطيط فيها.

وقد كون الكتاب نظرة متكاملة للتخطيط التربوي والتخطيط للعلاقات العامة في التربية من خلال طرحه مواضيع مفصلة عن التخطيط، وتقديمه خطة للعلاقات العامة في التربية، أبرزها التخطيط للعلاقات العامة بمنحى النظم الذي يعتمد المدخلات والعمليات والنتائج.

وكان من أهم المواضيع التي تناولها هذا الباب: مفهوم التخطيط، أنواع التخطيط، استراتيجيات التخطيط، أسس التخطيط التربوي وأهميته، أهداف التخطيط التربوي، أساليب التخطيط التربوي، مراحل التخطيط التربوي.

الباب السادس: تقييم الكفايات الإدارية اللازمة لأقسام العلاقات العامة في مديريات التربية والتعليم:

هذا الموضوع هو عبارة عن دراسة ميدانية قام بها الباحث، انطلاقاً من حاجة أقسام العلاقات العامة في وزارة التربية والتعليم إلى التطور المستمر، وتسعى هذه الدراسة إلى توفير صورة واضحة عن واقع ممارسة أقسام العلاقات العامة فيها، والمساهمة في تطور عملها، كما تسعى إلى تقييم الكفايات الإدارية لأقسام العلاقات العامة في مديريات التربية والتعليم في الأردن، وذلك بمعرفة الفجوة القائمة بين أهمية الكفاية ودرجة ممارسة القسم لها في مجالات: البحث، التخطيط، التنظيم، الاتصال، التنفيذ والتقييم.

وقد حاولت الدراسة الإجابة عن السؤال الرئيسي التالي: ما تقييم

الكفايات الإدارية لأقسام العلاقات العامة في مديريات التربية والتعليم في الأردن؟

ومن أجل تحقيق هدف الدراسة تم اختيار عينة، مكونة مـن (26) مديريـة تربيـة وتعليم - مجتمع الدراسة كاملاً - وتمت مقابلة مديري التربية والتعليم ورؤسـاء الأقسـام العلاقات العامة فيها، وذلك بعد أن تمكن الباحث مـن بنـاء أداة للدراسـة والتأكـد مـن صدقها وثباتها.

وتوصل الباحث إلى نتائج رئيسة، أبرزها: اتساع الفجوة بين درجـة أهميـة الكفايـة في القسم ودرجة ممارسته لها، وذلك من وجهتي نظر مـديري التربيـة والتعليم ورؤسـاء أقسام العلاقات العامة فيها، كـما ظهر اختلاف بـين المـديرين ورؤسـاء أقسـام العلاقات العامة من حيث ترتيب أولويات كفايات الدراسة، ففي الوقت الـذي وضـع مسؤولو العلاقات العامة مجال الاتصال الأول من حيث الأهمية، وجد المديرون أن مجال التنظيم هو ينبغي أن يكون الأول من حيث الأهمية.

وفي النهاية وضع عدد من التوصيات التي جـاءت جميعهـا لصالح تطـوير أقسـام العلاقات العامة في مديريات التربية والتعليم.

ملامح من الإدارة الإسلامية

إن الإدارة هي توجيه نشاط مجموعة من الأفراد وجهـودهم نحـو تحقيق هـدف مشترك، من خلال تنظيم هذه الجهود وتنسيقها، وهـي وظيفة إنسـانية في كـل مجتمـع ومهمة لتحقيق رفاهة تقدمه.

وتقوم الإدارة على وظائف عدة تتمثل في: التخطيط، التنظيم، التنسـيق، التوجيـه، التنفيذ، المتابعة، والتقييم.

ملامح الإدارة في التصور الإسلامي:

إن الإدارة في الإسلام مسؤولية ثقيلة يتجنبها كثير من الناس ورعاً وتقوى وخوفاً من العجز عن أخذها بحقها، فهي مسؤولية وليست مرتبة يراق من أجلها ماء الوجه، وليست كرسياً يسلك في سبيله كل سبيل، وقد اعتبرها بعضهم غريمة، أي ثقيلة الحمل وثقيلة التبعة.

أما عمر بن الخطاب فقد عدها بلوى، كما جاء في خطبة من خطبه رضي الله عنه: (إن الله ابتلاكم بي، وابتلاني بكم...) فهي امتحان ثقيل للمسؤول، والدور القيادي لا يعني امتيازات ومغانم، فالإدارة خدمة وهي تربية وتعليم وتوجيه، يقول عمر رضي الله عنه: (أيها الناس، إني و الله ما أرسل إليكم عمالاً ليضربوا جلودكم ولا ليأخذوا أعشاركم، ولكن أرسلهم لكم ليعلموكم دينكم وسننكم، فمن فُعِل به شيء غير ذلك فليرفعه إليّ، فوالذي نفس عمر بيده لأقتَصنَّ له منه).

يستنتج مما سبق أن فلسفة الإدارة في الإسلام تعد المسؤولية (محنة) يبتلى بها القائد لجسامة حملها وفداحة أعبائها، وإنها مسؤولية خدمة وتربية وليست سلطة أو كرسياً.

مبادئ الإدارة الإسلامية

تقوم الإدارة الإسلامية على عدد من المبادئ من أهمها:

1. الشورى:

لقد كلف الشارع العظيم عباده بهذا المبدأ في كل مسؤولياتهم في نص قرآني صريح، قال تعالى: (وأمرهم شورى بينهم)، وقوله تعالى : (وشاورهم في الأمر، فإذا عزمت فتوكل على الله)، ومبدأ الشورى يكشف عن أولي الرأي

والحكمة والحريصين على المصلحة العامة، ويدفع إلى تحمل المسؤولية ونجاح العمل.

2. تشاركية المسؤولية:

الإسلام لا يقوم على الدكتاتورية في الرأي، والقائد لا يعد المسؤول الأوحد، فالكل مسؤول، قال عليه الصلاة والسلام: (كلكم راع وكلكم مسسؤول عن رعيته)، كما أن المرؤوس مسؤول عن نصح قائده وإرشاده إلى طريق السداد، فكل يتحمل قسطاً من المسؤولية بغض النظر عن موقعه.

3. تفويض السلطات والصلاحيات:

على القائد أن يوزع المسؤوليات والمهمات كل حسب قدرته وموقعه وعلمه، وأكبر شاهد على ذلك ما قاله عمر بن الخطاب لأبي عبيدة -رضي الله عنهما- في حرب الفرس: (أنت الشاهد، وأنا الغائب، والشاهد يرى ما لا يراه الغائب).

4. سياسة:

إن الإدارة في الإسلام حاربت أمراض البيروقراطية في تسيير الأمور ونادت بالتواصل الدائم بين الرئيس والمرؤوس، وهذا ما نادى به الخلفاء الراشدون (افتح لهم بابك وباشر أمورهم بنفسك..) والقائد الإداري في الإسلام كان هو المباشر بالاتصال لرفع الحرج عن التابعين عند تواصلهم مع القمة (القائد)، حتى صار العامة لا يتحرجون من السير بمطالبهم إلى دار الخلافة مما دفع الإدارة الإسلامية إلى استحداث (ديوان المظالم).

5. العلاقات الإنسانية:

العلاقة القائمة بين الحاكم والمحكوم في الإسلام تقوم على أساس إنساني، فلا استعلاء ولا تجبر ولا تمييز، وهذا ما وصف الله به نبيه محمد عليه الصلاة والسلام حين قال: (لقد جاءكم رسول من أنفسكم عزيز عليه ما عنِتُم، حريص عليكم بالمؤمنين رؤوف رحيم). فكل إنسان له حقه وعليه واجبه، بغض النظر عن لونه وجنسه ومكانته الاجتماعية، والقائد يتعامل مع مرؤوسيه على أساس إنسانيتهم دون النظر إلى أي شأن آخر مهما كان، لقوله تعالى: (إن أكرمكم عند الله أتقاكم)، ولقد نص القرآن بوضوح على ضرورة معاملة الناس معاملة إنسانية تسودها الرحمة واللين، يقول الحق جل شأنه (فبما رحمة من الله لنت لهم، ولو كنت فظاً غليظ القلب لانفضوا من حولك، فاعف عنهم واستغفر لهم وشاورهم في الأمر، فإذا عزمت فتوكل على الله، إن الله يحب المتوكلين).

هذه بعض مبادئ الإدارة الإسلامية التي لو تعمقنا فيها لوجدنا جذوراً وأصولاً ومفاهيم تسبق ما طرحته نظريات الإدارة المعاصرة، وتفوق ما تطرحه هذه النظريات، واستناداً إلى ما سبق، فإننا نلخص إلى أن النظرية الإدارية في الإسلام تعد نظرية شاملة.

أدوار جديدة مطلوبة من المدير:

شهد العقد الأخير من القرن العشرين مجموعة من التغيرات والتحولات التي لها انعكاساتها على العملية التربوية، وعلى طبيعة عمل المدير ودوره ومكانته ومن أبرز هذه التغيرات: التغيرات الاجتماعية، والثقافية، والحضارية، والتقدم العلمي والتكنولوجي، والانفجار المعرفي، والتطور في مجالات

الاتصالات، والديمقراطية، وظهور نظريات جديدة ناتجة عن دراسات وأبحاث متطورة في ميادين التربية وعلم النفس.

ويعد المدير مرشداً وأنموذجاً وقدوة، ومصدراً للمعرفة وناقلاً للثقافة، وممثلاً للمجتمع، ووسيطاً بين المدرسة والمجتمع.

دور المدير الناجح:

ولذا فإنه تترتب على المدير الناجح أدواراً جديدة يقوم بها، منها:

1. إدارة الوقت:

يعد المدير المحرك الذي يبعث الحيوية في المدرسة، تلك المؤسسة التربوية ذات الأهداف المحددة، والمخطط لها، ومن كفايات المدير الناجح: وضع البرامج والخطط المتكاملة والقابلة للتطبيق تشاركياً مع الهيئة التدريسية بحيث تكون تلك الخطط مرنة قابلة للتكييف مع المواقف المستجدة ومراعاة إدارة الوقت التي تكمن في تنفيذ الخطط والبرامج بأسرع وقت وأفضل الأساليب، يقول الباحث بيتر دركر: (إن المدير الذي لا يستطيع إدارة الوقت لا يستطيع إدارة أي شيء)، فالمدير الفعال يدير الوقت بشكل فعال ويستثمره لصالح العملية التعليمية.

2. تشجيع الابتكار والإبداع:

تشجع الإدارة الحديثة المعلم للوصول إلى كل جديد في الفكر والعمل، والإبداع عن طريق جمع المعلومات والبحث والتجريب.

فالمدير ينمي الابتكار عند المعلم إذا ما أتاح له حرية التفكير، وأشركه في عملية تحسين ووضع الأهداف والمنهج والمحتوى وطرق التدريس الحديثة والتقويم.

والمدير الفعال هو القادر على توفير مناخ مناسب للابتكار والإبداع، والقادر على التغلب على الصعاب التي تحول دون إيجاد المناخ الذي يشبع حاجات المعلمين على حد سواء.

3. تبصير المعلم بأساليب البحث العلمي المعروفة والحديثة ووسائله:

وذلك من خلال قيام المدير نفسه ببعض البحوث والتجارب في ميدان التربية.

4. نقل أساليب تدريس جديدة إلى مدرسته:

من خلال إقامة نشاطات هادفة، تطور استراتيجيات التدريس داخل غرفة الصف.

5. تطوير كفايات المعلمين التعليمية معرفياً وسلوكياً:

ويمكن ذلك من خلال طرائق التقييم الذاتي للمعلم من أجل تقييم أدائه بنفسه، فيقف المدير على أحسن الطرق التربوية وأحدثها ويعين المعلم للإطلاع على كل جديد في ميدان التخصص، كما يشجع على الاشتراك في الحلقات الدراسية، والمؤتمرات التربوية.

6. العمل كوسيط للتغيير الاجتماعي:

المدير قائد تربوي يمتلك القدرة الشخصية والمعرفية للتأثير في الآخرين، بحيث يمتد تأثيره للمجتمع المحلي، ويكون قادراً على إجراء التغيير الاجتماعي في المجتمع بالاتجاه المرغوب فيه، من خلال اختيار الوسائل والأساليب المناسبة للاتصال والتواصل مع المجتمع المحلي لنشر الأفكار وتنمية المجتمع وتوعيته والنهوض بمستواه ليواكب التطور العالمي المعرفي والتكنولوجي.

وينبغي تفعيل الأنشطة الخاصة بخدمة المجتمع والعمل التطوعي، وكل ما

يصب في تنمية المجتمع وتطويره، إذ أن الإدارة الفعالة تشجع على الاستفادة من البيئة المحلية والتعرف إلى مصادرها المادية، كالأماكن الأثرية والتاريخية والمراكز الصناعية والمتاحف والحدائق، فكل ذلك معامل للبحث والدراسة والتنقيب.

وللمجتمع تأثير في المدرسة، إذ يحدد لها الإطار الفلسفي والأهداف التي تعمل من خلالها، إن مجالات خدمة المجتمع خطوة هامة في سبيل توفير الاطمئنان النفسي- والروحي لطلاب المدرسة الذين سيشعرون بصلتهم الوثيقة بمجتمعهم، وأنهم ليسوا في مؤسسة منعزلة مما يقوي التواصل بين المدرسة والمجتمع.

7. تسويق الطلبة للعمل في مؤسسات المجتمع:

وهذا الدور من أحدث أدوار مديري المدارس المهنية، حيث ينظم المدير دورات تدريبية لا منهجية في أثناء العطل، بالتعاون مع الشركات والبنوك والمؤسسات الاقتصادية ليكون الخريج مؤهلاً بما يلزم هذه المؤسسات من كفاية العمال، فتكون له أولوية لتأهيله من خلال التدريب المسبق.

المراجع Bibliography:

- دليل عملي لبرنامج تحسين الأداء في المؤسسات العامة (الحكومية). قسم الأمم المتحدة للشؤون الاقتصادية والاجتماعية. United Nations Department of Economic and Social Affairs

- هريرا ج: خطة نموذجية شاملة لتحسين الإدارة، الوثيقة رقم 3 من الاجتماع الخامس للمنطقة الأمريكية من أجل التدريب على الاتصالات (سانتياغو- تشيلي – تشرين الثاني 1984).

- برنامج تدريب تنفيذي (TELEBRAS).

- خطة تدريب إداري Managerial Training Plan (كوستاريكا).

- ورشة عمل تدريب مجموعة المورد ICU (Resource Group training Workshop) (كوستاريكا).

- الاجتماع السادس للمنطقة الأمريكية للتدريب على الاتصالات (تشرين الثاني 1985).

- المجلة التربوية, العدد(113). قطر الدوحة,1995. ص(95).

- مدرسة المستقبل, المنظمة العربية للتربية و الثقافة و العلوم و مطبعتها, 2000.

- المجلة التربوية, العدد(113). قطر الدوحة,1995. ص(24).

- د. حسين كامل بهاء الدين, التعليم و المستقبل. دار المعارف, 1997.

- رسالة المعلم, وزارة التربية و التعليم, العدد الثاني و الثالث, ص(21).

- مدرسة المستقبل, ص(68) إعداد: الدكتور عبد العزيز الحر, مكتبة التربية العربي لدول الخليج 2001.

- رسالة المعلم, وزارة التربية و التعليم, العدد الثاني و الثالث, 2004, ص(43).

- المجلة التربوية, العدد (65), جامعة الكويت, 2002, ص(22).

- د. محمد زياد حمدان, التدريس المعاصر, دار التربية الحديثة, الطبعة(1),2000.

- رسالة المعلم, وزارة التربية و التعليم, العدد الثاني و الثالث, 2004, ص(40).

<h1>الفهرس</h1>

Printed in the United States
B...okmasters

T0300949

Printed in the United States
By Bookmasters